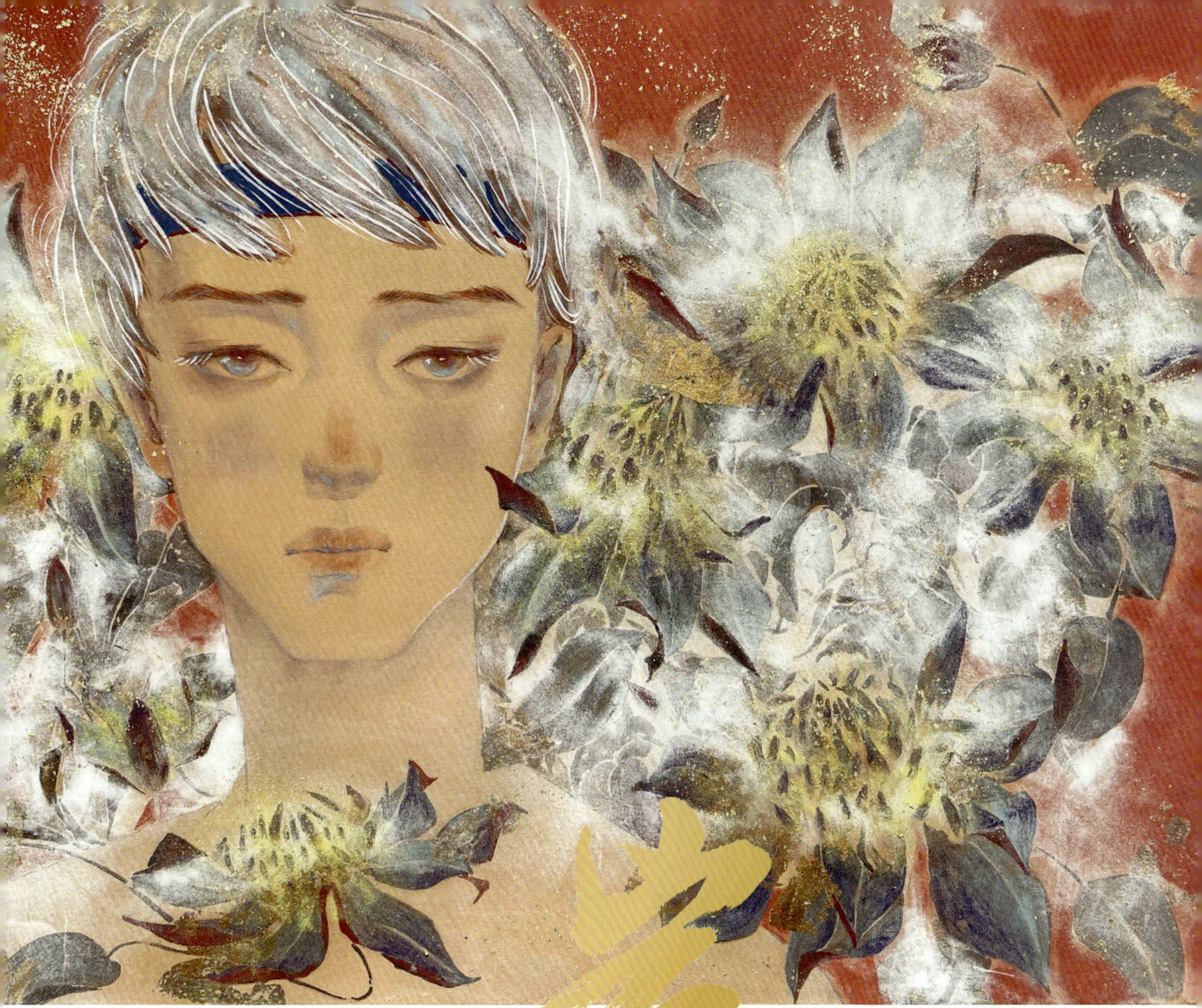

岩生初语

岩彩插画手绘教程

穆尼 著/绘

人民邮电出版社
北京

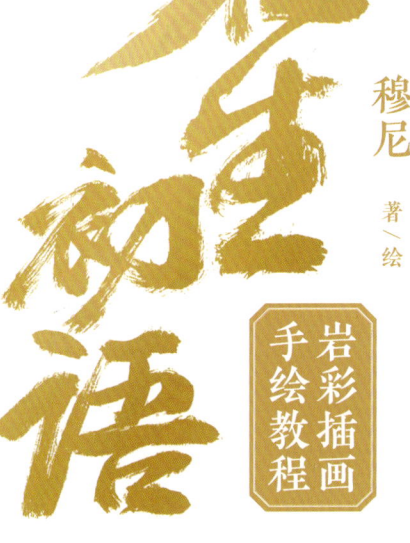

图书在版编目（CIP）数据

岩生初语：岩彩插画手绘教程 / 穆尼著绘. -- 北京：人民邮电出版社，2021.3
ISBN 978-7-115-55134-4

Ⅰ. ①岩… Ⅱ. ①穆… Ⅲ. ①岩画－绘画技法－教材 Ⅳ. ①K879.42

中国版本图书馆CIP数据核字(2020)第205960号

内 容 提 要

岩彩，是一种源自中国的古老绘画技法，此画种的绘画效果十分丰富、醒目，绘画的过程也十分有趣，而且画岩彩画的人在逐年增多。

全书共五章内容：第一章，作者从他对岩彩画的认知，讲述了这个画种与中国传统重彩画和日本画的联系与区别；第二章，概要地介绍了岩彩画的常用工具及画材，作者对每种材料的特性做了十分详细的说明，并且配有相关图片，方便读者快速领会；第三章，对于初学者而言，画岩彩画的前期的准备工作十分重要，作者在这个部分也是颇费笔墨，从胶矾水的制作，到画板的制作，配以高清步骤图，为您的阅读与理解扫除一切障碍；第四章，作者甄选了三个具有代表性的典型插画——壁画、静物插画和人物插画，详细地讲解了创作的过程，技法教学由简到难，让大家逐步掌握岩彩绘画的基础知识及现有的应用；第五章则是作品赏析部分，通过观摩作品，提高读者的认知和审美能力，为以后的创作打下良好的基础。

这本书的内容十分丰富、细致，文字表述也较通俗易懂，又配有高清图示，能使岩彩画的初学者和具有一定绘画基础的读者比较容易地读懂、了解和掌握。

◆ 著 / 绘　穆　尼
　　责任编辑　王　铁
　　责任印制　周昇亮

◆ 人民邮电出版社出版发行　北京市丰台区成寿寺路 11 号
　　邮编　100164　电子邮件　315@ptpress.com.cn
　　网址　https://www.ptpress.com.cn
　　天津市豪迈印务有限公司印刷

◆ 开本：787×1092　1/16
　　印张：11　　　　　　　　　　　2021 年 3 月第 1 版
　　字数：241 千字　　　　　　　　2021 年 3 月天津第 1 次印刷

定价：108.00 元

读者服务热线：(010)81055296　印装质量热线：(010)81055316
反盗版热线：(010)81055315
广告经营许可证：京东市监广登字 20170147 号

期许的力量
——写给穆尼

特定的历史时代和社会背景、特定的地域和民族文化是文化观念和艺术形式的两个基本来源。西方现代艺术诞生于现代工业文明的社会背景下，东方艺术形式则一直扎根于东方特定地域及历史文化之中，即自然和谐、圆融通慧的哲学精神。然而在近代中西文明的交融中，中华传统的文化精神与艺术形式受到了无情的冲击，致使中国年轻一代的艺术家们，痛苦地挣扎在对西方艺术文化形式的一知半解与根深蒂固的中华文化的艺术表达中。一方面学不像，另一方面又丢不掉，对从素描、色彩的严酷训练中走出来的青年艺术家们来说尤其如此。

穆尼（作者的笔名），在考上研究生后，便如上所说，纠结于二者之中，从小生活的环境与场景使他骨子里自带浪漫，却无论如何都表达不出自己所要的那份情怀。某天，他偶然发现了中华本土的岩彩画，其浓烈的色彩表达、简约的形象塑造，打动了这个年轻的艺术家，于是他开始了他的岩彩艺术探索之路，期望在艺术道路上走出更广阔的天地。

凭着良好的艺术感觉，穆尼很快在岩彩画的天地里找到了自己的艺术表达形式。岩彩根植于深厚的传统文化，又具备当代艺术的多向延展。一方面传承，一方面生长，二者的连接需要相当好的文化功底与良好的当代艺术素养。穆尼一方面从岩彩的原点出发，认真严谨地临摹大量的克孜尔、敦煌壁画，掌握岩彩独特的艺术表达语言；另一方面从文化视角出发，用所掌握的岩彩技法语言，创作了一大批表现当代生活的作品，并在大型展览中频频获奖。近观他的创作，既有中国传统技法——沥粉、堆金、贴箔，又有岩彩新技法——揉纸、流淌、刮擦打磨，丰富的画面厚重不失典雅、绚丽不失轻灵，漂亮又耐看，他对当代题材有准确的理解与把握。如此，我由衷地为穆尼在一个新的领域的开拓与成功感到高兴与欣慰，尤其是知道穆尼将自己几年的学习心得与在实践中掌握的新技法结集出版，以惠广大的年轻艺术家及各爱好者，更是欣慰，嘱为序。

尉志坚

2020年6月15日

穆尼，一名"90后"青年艺术家，我与他并不认识，只在微博中"偶遇"。穆尼诚恳、谦逊、好学，在与我取得微信联系以后，总是在特别客气地询问是否打扰之后才进行真挚的探讨与默契的交流。他对于岩彩那种强烈的喜爱，我隔着电话都能感受到。他总是将问题一个接着一个密集地向我抛过来，我在这样的过程中不断检验自己的回答是否真的对他有意义与帮助，这倒总是对我有不同角度的启发和提示，这种一问一答或互问互答的交流方式渐渐成了我生活中的常态。我很感慨，这样的求知精神显得那么难得与珍贵。

看着他不断把自己的作品梳理成技法的章节、材质的段落，清晰明确地整理成视频片段与讲解过程，在成都一隅开辟自己的岩彩"田地"，不畏辛苦、默默耕作、静待花开果熟，我不经意间竟有莫名的钦佩之情生发出来。我佩服现在的年轻人真的敢想敢做，以阳光积极的心态面对生活中的波折，以本分踏实的态度获取信任，这都是我在他那个年纪完全做不到的。

在当下的疫情环境中，穆尼并没有选择逃避与无为，他积极整理教学资料筹备出书，并开通网络课程。有一次他邀请我旁听他的授课，这孩子的过分认真让我莫名觉得有趣，但一整堂三个小时的网课听下来，刷新了我对他的看法。他没有采用现在网红式鼓吹与叫卖式宣扬的讲课方式，也没有用噱头和广告来吊人胃口，他像一个成熟老到的教师一样，将自己多年积累的感受和经验娓娓道来。我竟忍不住截屏，想要把他课件中的知识点及图例都保存下来，作为自己教学的参考与补充。看得出来他背后下的功夫和付出有多深、多大。

穆尼对岩彩的研究表现能力也是在同年龄的艺术家中少有的，他不仅仅停留在对材料技法的各种操练与熟悉程度的加深上，而是很注重分析现象背后的成因与发展状况，这是很多急于以岩彩来吸引别人眼球的投机者与猎奇者所不具备的能力。他为此曾尽最大努力收集到了有关岩彩的历史背景、名家作品及材料构成等方面大量珍贵的一手资料，同时去日本观看展览、购买材料与画册、实地考察。以他人的视角去检视岩彩的过去与现状，又以自我的视角去洞悉岩彩的共

温文尔雅 卫守真知

性与个性,从横向到纵向去不断印证岩彩的内涵与外延。他在这么小的年纪就展现出学者对一个问题不畏险阻、不达尽头绝不放弃的研究精神。

在交流的过程中,我发现穆尼是一个不畏权威、敢于思辨的青年。对我抛出一些问题的同时,他有自己的思考,并不完全附和我的看法。比如谈到"随类赋彩"这个问题主要是指什么样的赋彩方式,这是在国画圈人人知道的概念,却很少有人深究。一时我竟语塞,我只听有的先生讲"随类"指固有色思维,有别于国外的客观色彩观念,但这一说法显然解释不了中国古代绘画中也有很多主观用色的现象。穆尼认为这里的"类"是指"类型",也就是古人善于对繁多的色彩做种类的分割,某一类颜色要分布在它所属的区域里,这样就可以解释很多作品色彩种类有限,但极尽丰富,也自成逻辑的现象。由此可见,他拥有一种善于思考、勤于发问、对自己不知不解的事各一定要想方设法搞清楚的好习惯。

穆尼的作品虽还不能到达自成体系、语言鲜明的高度,但已相对成熟,题材多表现青春少年的憧憬与困惑。他的作品构图饱满、设色浓丽、层次微妙、材质丰富、意境清雅。

欣闻他要出版一本关于岩彩画示范与教学的画册,邀我作序,希望此篇拙文不辱使命,愿穆尼未来岩彩之路繁花似锦,一路芬芳。

贾宝锋

2020 年 5 月 20 日于北京

目录

第一章 对岩彩画的认识

1 岩彩画与传统重彩画之间的联系 —— 010
2 岩彩画与传统重彩画之间的区别 —— 012
3 岩彩画与日本画的关系 —— 015

第二章 对岩彩画常用工具和材料的认识

1 天然岩绘具 —— 020
2 新岩绘具 —— 022
3 水干颜料 —— 024
4 蛤粉 —— 026
5 胶、矾 —— 027
6 金属材料 —— 028
7 笔、刷 —— 030
8 基底材料（纸、绢、布）—— 032
9 其他工具 —— 033

第三章　岩彩画的准备工作

1　胶矾水的配制 ——— 036
2　浆糊的熬制 ——— 039
3　蛤粉的调制 ——— 041
4　纸面岩彩画板的制作 ——— 045
5　绢面岩彩画板的制作 ——— 051
6　布面岩彩画板的制作 ——— 056

第四章　作品创作

1　龟兹壁画临摹过程 ——— 064
2　岩彩花卉《芳华烂漫时》绘制过程 ——— 073
3　岩彩人物《金色玫瑰窗》绘制过程 ——— 086
4　岩彩画特殊技法演示 ——— 104
　　金箔基底制作演示 ——— 104
　　揉纸技法演示 ——— 109
　　罩色技法演示 ——— 114

第五章　作品赏析

1　岩彩花卉作品 ——— 120
2　岩彩人物作品 ——— 130
3　壁画摹写作品 ——— 166

第一章 对岩彩画的认识

岩彩画是以材料命名的画种，是指用矿物颜料调和胶质媒介绘制成的作品。「岩彩画」有此命名其实在国内不过二三十年的时间，在以前或者古代文献中并没有「彩画」这一概念，所以现在的大众对岩彩画也大都一知半解。在认识和了解岩彩画的过程中，最混乱或者最模糊的地方是岩彩画和中国传统重彩画、日本画之间的关系。要了解各个画种的概念及其相互之间的关系，需要熟悉和了解中国和日本的美术史，只有清楚各个画种的概念，岩彩画的教学与创作才能更好地进行与发展，这一章简单帮大家梳理一下相关的知识。

1 岩彩画与传统重彩画
之间的联系

传统重彩画当中的"重彩"是从"重着色"而来的。"重着色"是指所使用的颜料以粉质颜料——天然矿物颜料为主。传统重彩画多指工笔重彩,"工笔"是指手法,讲究工整细致,"重彩"是指材料颜色,即天然矿物质颜色,如朱砂、石青、石绿等。除此之外,传统重彩画还有壁画重彩,一千多年前的敦煌壁画、克孜尔壁画,里面的许多画作都不是以线条来造型的,而是由大的色块构成,部分线条的运用也只是为画面效果服务,这些中国古代壁画也叫重彩画。简而言之,传统重彩画的范围应该包括工笔重彩、壁画重彩、帛画、唐卡等画种。

岩彩画和传统重彩画都是以矿物颜料调和动植物胶进行绘制的，有的作品还会配合使用金属箔和纤维，但其所用工具不尽相同。这从现存的敦煌壁画中都是可以得到证实的，而敦煌壁画更是早在一千五百多年前就开始绘制了。由此可见，岩彩画是脱胎于中国传统重彩画，并在传统重彩画的基础上发展创新而来的。可以说，岩彩画与传统重彩画都是符合东方人审美情趣的、具有中国文化底蕴的中国绘画。

01	马王堆汉墓帛画
02	五代徐熙《玉堂富贵图》
03	元代永乐宫壁画
04	唐卡
05	动物胶
06	莫高窟 257 窟　北魏　鹿王本生图
07	莫高窟 98 窟　五代　供养人像
08	克孜尔壁画

2
岩彩画与
传统重彩画
之间的区别

　　岩彩画的色相更加丰富。在矿物质颜料的色相中，传统重彩画的颜色相对比较单一，颜色之间的搭配也相对模式化，这主要是由于当时的科技水平不高，对有色矿石的开采相对也较局限。古代供绘画用的矿物颜料不过几十种，所以传统重彩画在表现形式方面也就比较单一。而岩彩画的矿物颜料则多达上千个品种，在天然矿物质颜料的基础上，还开发了人造矿石和合成水干色，极大地丰富了矿物质颜料。相对传统重彩画单一的颜色，岩彩画的颜色则更加丰富，色彩体系更加完善，材质也更加具有现代感。岩彩画在艺术思想大解放和颜料色相极其丰富的环境下，可以探索的风格和表现形式都极为多样。

01 传统石色
02 现代矿物颜料　日本 pigment
03 现代矿物颜料　日本金开堂

04 不同粗细号数的矿物颜料
05 颜料原石
06 07 不同粗细号数的矿物颜料的变化

岩彩画的颜料材质更加多元。在矿物颜料颗粒度上，传统重彩画并不是特别讲究。工笔重彩都以卷轴画的形式存在，所以对颜料颗粒的要求仅是"细"，如果在卷轴上用粗颗粒颜料进行绘制，则画面容易开裂剥落，不易保存。但是传统重彩画也需要对颗粒分级，其目的是使颜色的色相相对丰富些，因为矿物颗粒越细，其颜色越白、越灰，这就是传统重彩画颜色头绿、二绿、三绿、四绿的由来。传统重彩画矿物颜料颜色的分级通常只有三四级，而岩彩画颜色的分级则可多达十几级，这不单单是为了丰富颜色，也是为了绘制岩彩画时考虑颗粒粗细的搭配。绘制岩彩画时，纸或布是裱在板上的，有一个相对固定的底，可以承载更厚的材质，所以岩彩画除了要考虑画面的颜色搭配，也要考虑矿物颜料颗粒粗细的搭配，只有粗细颗粒搭配得当，才能最大限度地呈现出画面的材质之美、晶体之美、肌理之美。

岩彩画的表现手法更加自由。由于材质和色相的限制，传统重彩画的表现手法相对单一，导致绘画语言不够丰富，而岩彩画在注重绘画语言的同时也注重肌理制作。岩彩画并不是一笔一笔进行描绘的，而是将"画"和"做"相结合，强调绘画的制作性和装饰性。因为岩彩画是有颗粒变化的，所以岩彩画是有厚度的、有肌理的。丰富的肌理变化带给岩彩画独特的语言魅力，这也是岩彩画与传统重彩画的最大区别。

岩彩画脱胎于中国传统重彩画，这一点早在敦煌壁画中就得到了证实。但是岩彩画又在传统重彩画的基础上有所拓展——在色相的丰富程度、表现手法的多样乃至形式语言上都已经远远超过了传统重彩画。现如今岩彩画已经渐渐成为以中国为领导的东方国际绘画形式，从以前以水墨画为主流的中国画形式到现在绘画材料多元、色彩丰富的岩彩画形式，无一不是中国文化繁荣的体现。但以色彩为主的岩彩画和传统重彩画不应该是互相区别、独立的关系，而应该是一种包含与被包含的关系。岩彩画作为新的绘画概念，不是对传统绘画的一种颠覆，而是一种创新和发展，所以岩彩画这一新概念应该是包含传统重彩画并走向国际舞台的一个画种。

[08] 刮刻技法
[09] 金属箔的使用
[10] 撞色技法
[11] 刮刻技法

3 岩彩画与日本画的关系

日本绘画延续了中国唐宋时期的绘画传统，并对其进行了传承和持续发展；而中国现在的绘画形式则更多是延续了宋朝以后的绘画形式，其中水墨画占据了主流地位。在明治维新时期受到西方绘画理念和思潮的影响并得到了进一步的革新后，日本绘画才有了现在的面貌。我们去看日本伊藤若冲、竹内栖凤、吉川观方等画家的作品，除了内容形式与中国传统绘画不同以外，在工具材料的使用和绘制方法上其实是一样的。改革开放后，一些中国的学者留学日本，把这些材料和技法重新带回了中国，并使之与传统重彩画发生了碰撞和融合，在国内本土的绘画环境下孕育出了岩彩画（中国台湾则称为"胶彩画"）。那么岩彩画与日本画有什么区别与联系呢？如果单从材料、技法方面来看，中国的岩彩画与日本画是相似的，但是从文化内涵与表现内容来看，中国的岩彩画所表现的内容和人文精神与日本画是不一样的。很多学者认为日本画在中国应该被抵制，这一点其实应该理性看待——别人优秀的东西是值得我们虚心学习的，就像西方的油画如今在中国也是个大画种。

01 山口华阳的作品
02 伊藤若冲的作品
03 竹内栖凤的作品
04 吉川观方的作品

一般人容易将岩彩认为是日本画独创的绘画技巧，实际上并非如此。从技法上来说，用胶调和矿物颜料绘制的作品，不仅在日本，包括中国、印度，乃至古代欧洲、古埃及都出现过。中国作为文明古国，其使用矿物颜料调和胶绘画的历史更是悠久，这从一些汉代的墓室壁画，以及早期的敦煌壁画、克孜尔壁画中都可以得到证实。欧洲即使在文艺复兴之前，利用蛋为黏着剂的蛋彩画和利用动物皮骨熬制的胶为黏着剂的绘画也是当时绘画的主流。

历史悠久的岩彩画（从不同的角度看有不同的叫法）在江户时代之前不被称为日本画，而是被称为唐画或者大和绘。其实一个"唐"字就交代了日本绘画的源流所在。当日本进入明治时代的时候，从欧洲传去的油画技法被称为西洋画，为了和这些西洋画有所对照，人们才将日本所有的绘画统称为日本画。在第二次世界大战之后，日本画成为被"否定的"日本文化之一，因为其更多地拘泥于技术，日本画被批判为不是艺术性的表现，而被称为传统工艺作品。其后，许多日本画家努力地像表现油画一样去表现日本画，于是日本画一改传统绘画的面貌，这才有了现在的表现形式。

05 平山郁夫的作品
06 高山辰雄的作品
07 东山魁夷的作品
08 加山又造的作品

从科学的角度看,绘画材料常常和科技的发展有关。在探索天然的、产量有限的贵重颜料如何以人工合成的方式来制造的过程中,产生了许多的人造颜料。现在我们到画材店里去看,各种合成的矿物颜料占了大部分,几乎所有的颜色都能够买到,这也是日本画家们能够表现多样色彩的原因。而岩彩画的出现恰恰是立足于矿物颜料的革新与发展。试想,在矿物颜料的种类与色相上,如果还是停留在古代那个层面,或许就不会有"岩彩画"这一概念出现,而日本画依然会以传统重彩画的面貌继续发展。

总的来看,岩彩画是在日本画对东方传统的矿物颜料进行改进的基础上发展的,无论是材质表现还是技法手段,都可向日本画学习,这是无可否认的。但是我们中国也有历史悠久的矿物颜料使用传统和文化根基,岩彩画借助日本绘画的手段,同时又在中国这样一个大的文化环境下孕育发展,可以借此建立以中华文化为引领的东方国际绘画语言体系。

09 长泽耕平的作品
10 吉村诚司的作品
11 村冈贵美男的作品
12 植田一穗的作品

第二章 对岩彩画常用工具和材料的认识

岩彩画是一种以材料命名的画种，我们必须认识和掌握其材料。无论是水墨画、水彩画，还是油画、丙烯画等，只有熟悉和了解了材料的属性，才能更好地去表现画面。绘画是精神层面与物质层面相结合而产生的艺术形式，精神层面是指作者思想情感的表达，而物质层面则是指材料与媒介的展现。岩彩画更是一个非常注重工具和材料的画种，从广义的角度来理解，岩彩画泛指所有用矿物颜料调和胶质媒介绘制的作品，那么我们在学习岩彩画的时候，就必须要了解不同质地、不同粗细、不同性质的矿物颜料和不同种类的胶，以及不同笔刷、纸张的使用。只有在不断地尝试和使用的过程中掌握工具和材料，在绘制岩彩画作品的时候才能游刃有余。不同的材料、不同的工具、不同的技法，在画面中呈现的效果是不一样的，如何将这些不同的效果合理地运用到画面中，从而找到适合自己的绘画表现方式，这些都离不开对岩彩画工具和材料的熟悉与掌握。

这一章将给大家介绍岩彩画的入门材料与工具，帮助大家快速入门并能动手操作与使用，同时在练习的过程中，还可以不断尝试新的工具和材料，不断丰富我们的画面效果。

1 天然岩绘具

天然岩绘具是指将天然的矿石研磨成粉制作出来的颜料，也称为天然矿物颜料，例如石青颜料取自蓝铜矿，石绿取自孔雀石等。矿物颜料的颗粒粗细是以数字来表示的，一般是5号至13号和白号，数字编号越大则表示颜料颗粒越细、颜色越淡，最细的矿物颜料称为白号。对于初学者而言，8号至白号的颜料比较方便使用——向矿物颜料中加入胶水，调和好后就可以使用了。

01 镜面朱砂
02 孔雀石
03 朱砂矿
04 颜料的粗细变化
05 灰绿石末
06 朱砂颜料
07 天然矿物颜料
08 蓝铜矿（石青）
09 石绿
10 珊瑚

02

03

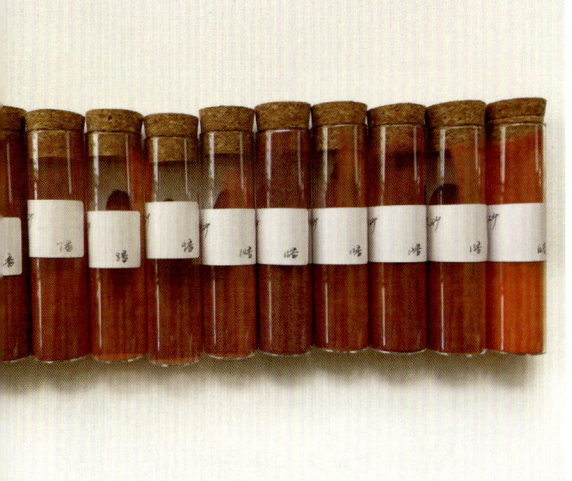
06

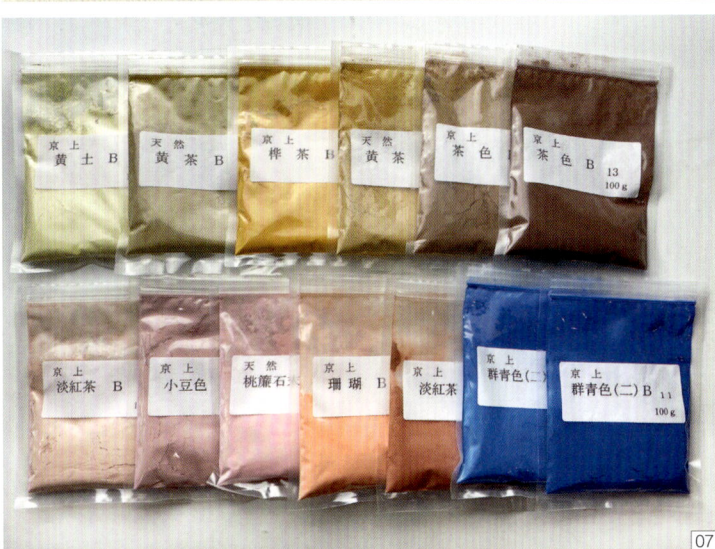
07

09

10

2 新岩绘具

新岩绘具是指将长石或方解石一类的岩石高温熔化后,借助不同的金属酸化物产生不同颜色的人造岩石,再将其粉碎研磨所制成的颜料。天然岩绘具虽然颜色雅致美丽,但是种类少、价格昂贵。相比之下,新岩绘具极大地丰富了晶体矿物颜料的色相,有颜色丰富、使用方便、价格便宜等优点。

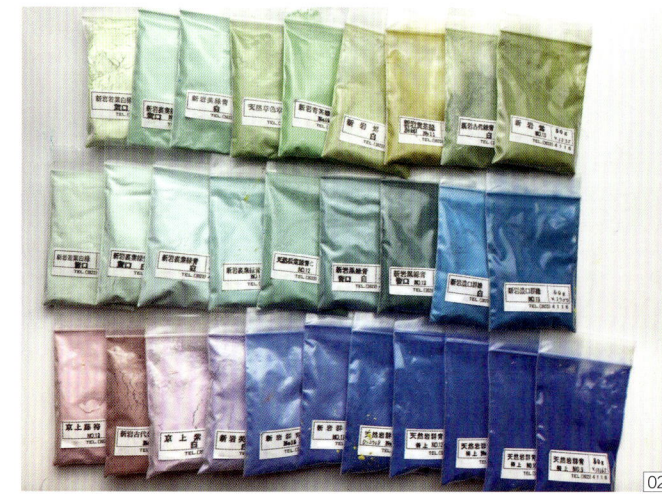

01~06 新岩绘具
07 新岩色标卡

3 水干颜料

扫一扫,"码"上学

岩彩颜料的介绍

水干颜料是指通过"水干板流法",在水中将颜料颗粒分解精制而成的颜料,例如黄土、朱土、蛤粉等粉质颜料都是用此方法制作而成的。随着科技的发展,现在还出现了用具有高温耐光性的染料及颜料对蛤粉进行染色而形成的各种颜色的粉质颜料。水干颜料颗粒细微且具有容易涂绘的特性,和岩绘具比起来价格便宜。水干颜料之间也能自由混色,是初学者较容易掌握的颜料。

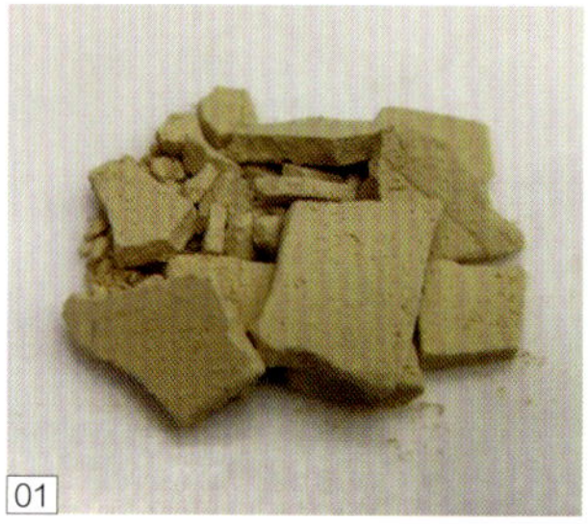

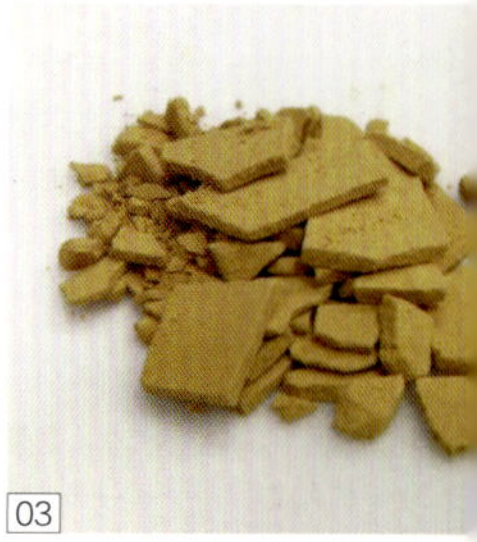

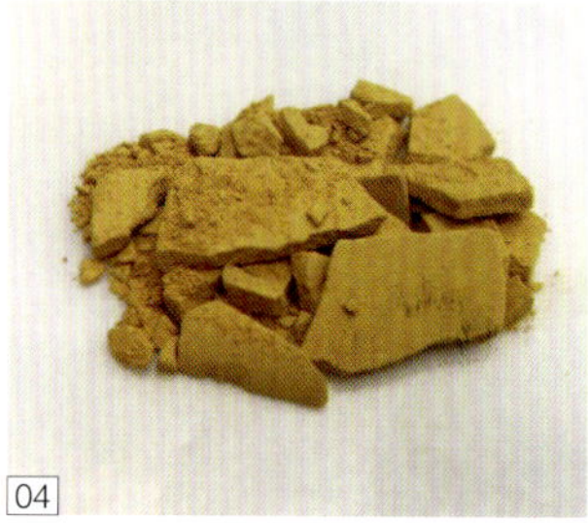

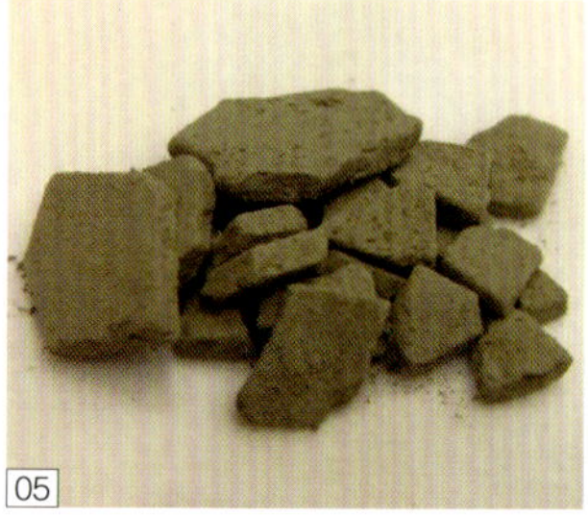

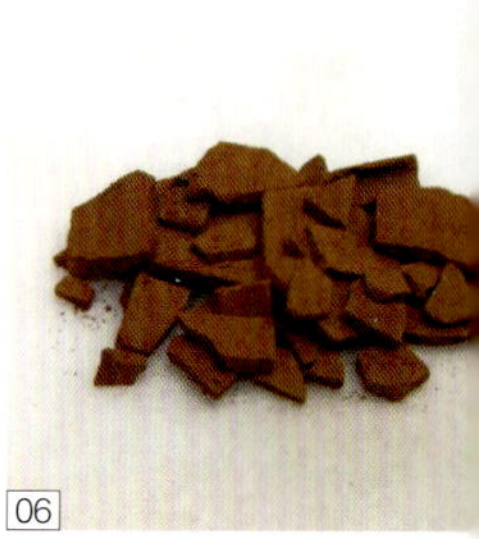

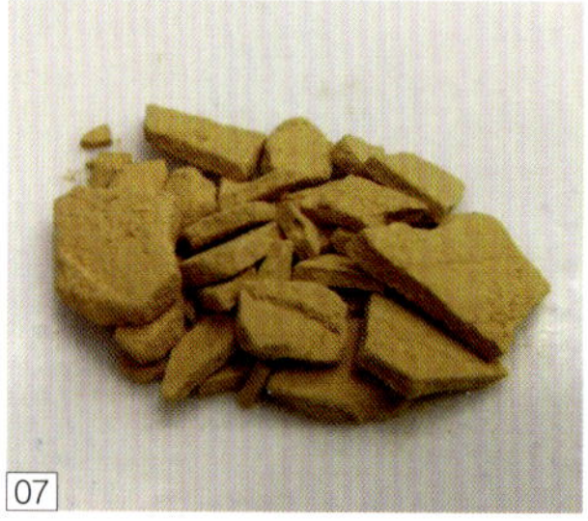

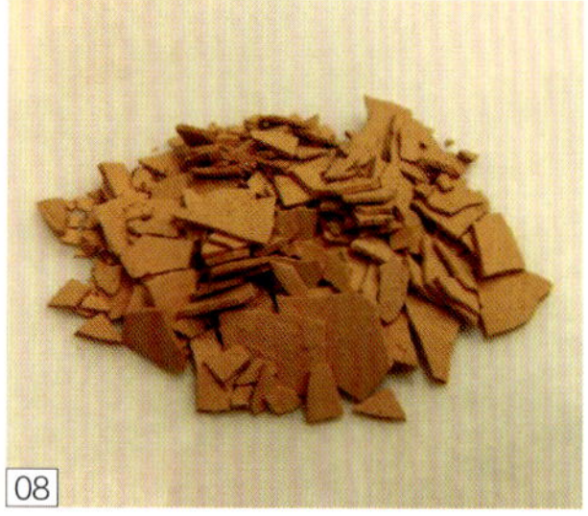

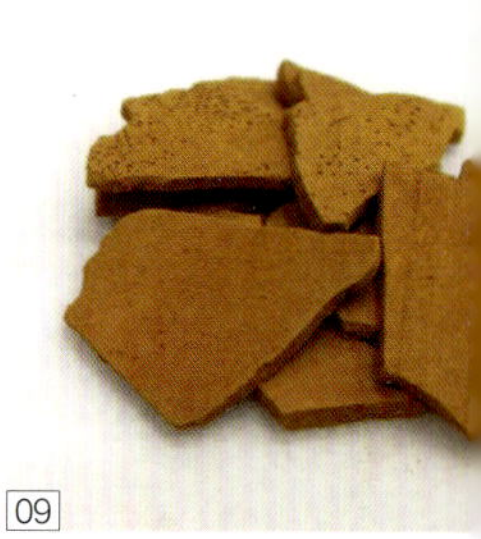

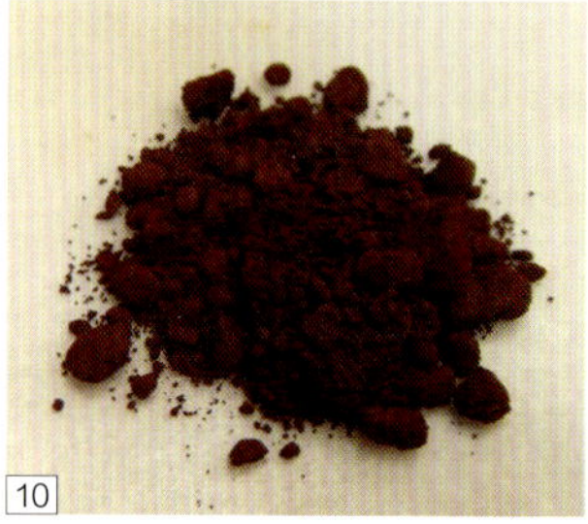

01 新岩	08 佛兰西金茶	15 依太利亚绿土
02 白茶	09 黄土	16 英国金茶
03 淡口稻荷黄土	10 焦茶	17 水干颜料
04 稻荷黄土	11 利休茶	18 天然土颜料
05 独逸绿土	12 栗茶	19 水干颜料
06 独逸朽叶	13 绿土	20 彩云堂水干颜料
07 敦煌黄土	14 朽叶	21 水干颜料

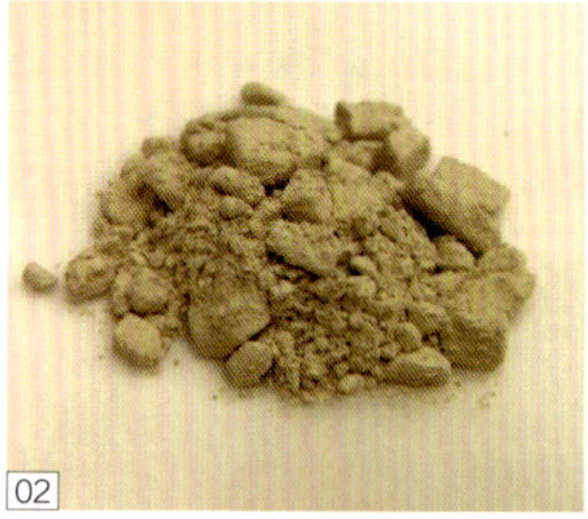

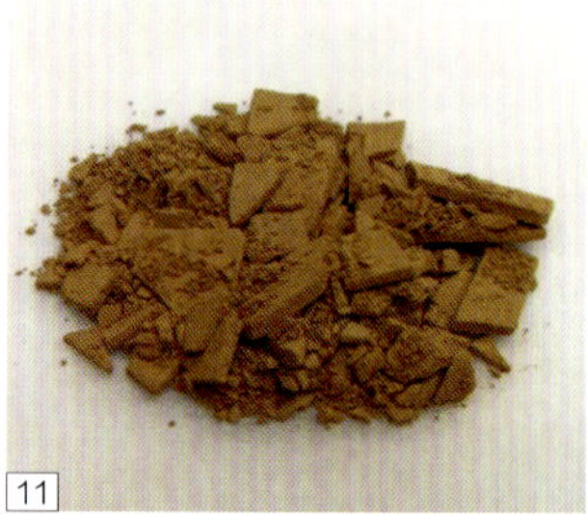

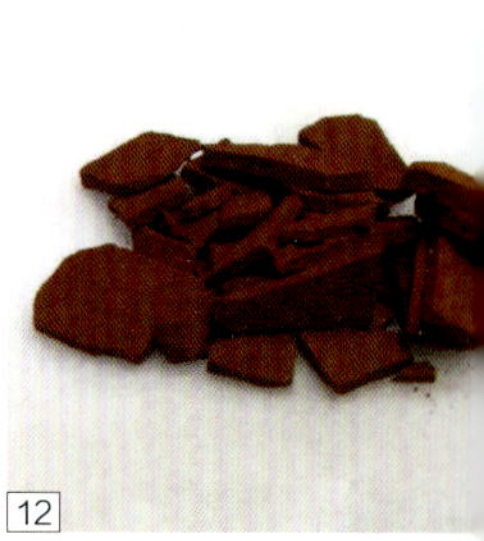

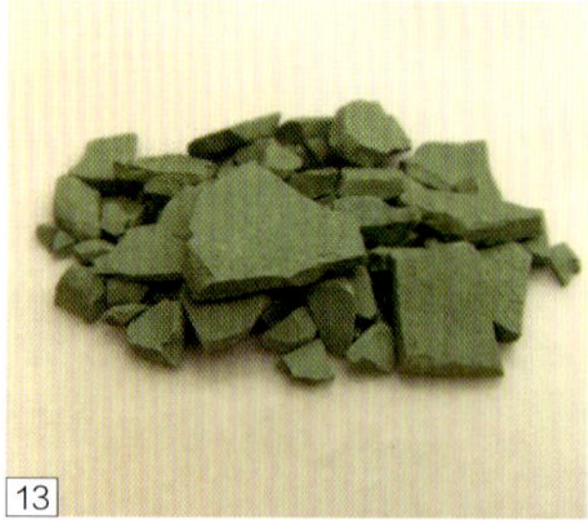

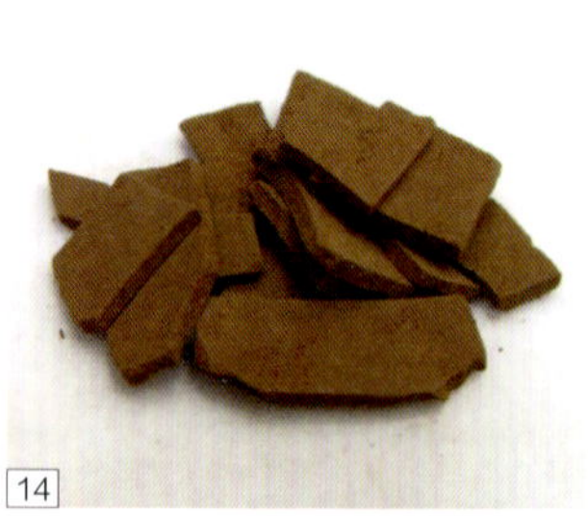

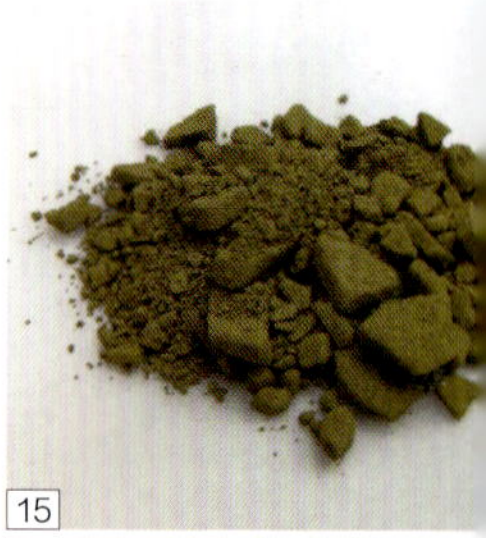

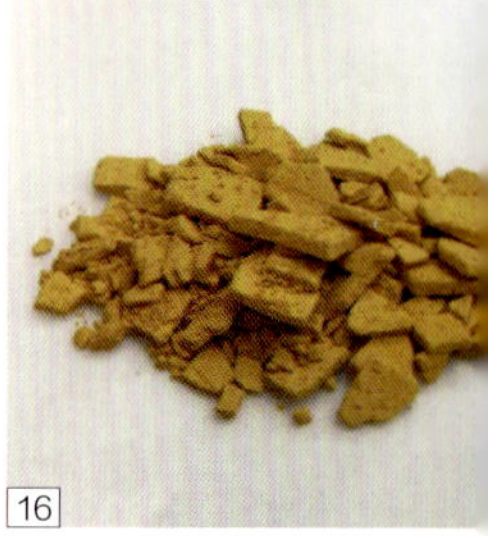

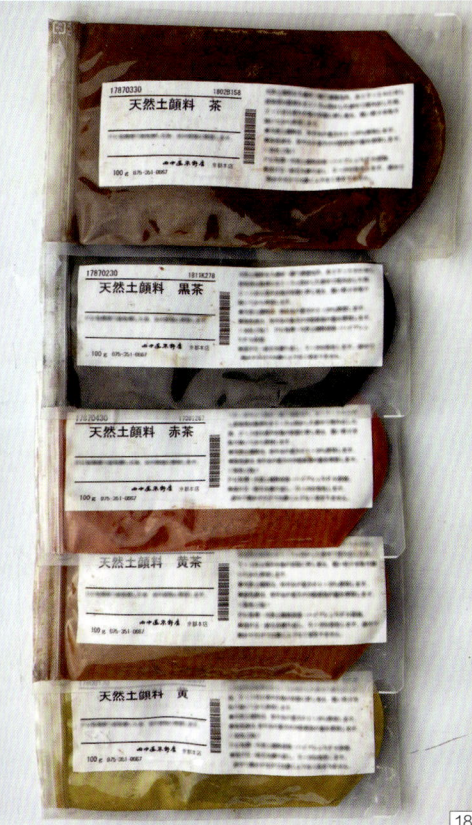

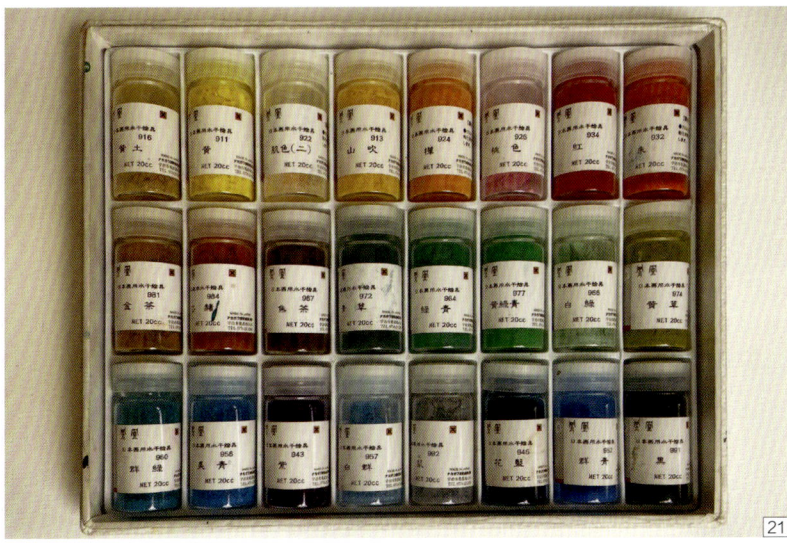

4 蛤粉

蛤粉是先将牡蛎壳放在户外风化三到五年，再经过挑选剔除杂质，最后研磨成粉制作而成的。用牡蛎壳制作成的蛤粉，以贝壳原料来区分制品的等级，因为牡蛎生长的年份不同，有大小之分，上盖较大的牡蛎壳可制作比较高级的蛤粉。如果要表现立体堆积效果，可以选用等级较次的盛上蛤粉。蛤粉因种类不同而有不同的用途，可依照使用需求来选择。

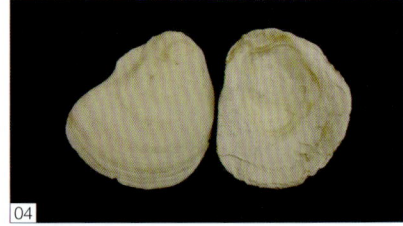

01 蛤粉
02 胡粉
03 ~ 05 牡蛎壳

5 胶、矾

胶是自古以来人们常用的原始黏着剂，是以动物的皮、骨（含有丰富的胶原蛋白）熬制而成的。岩彩画中常使用的胶有明胶、三千本胶（灌一次可以形成三千支胶）、板胶、鹿胶、兔胶等，也有为初学者研制的含有防腐剂的鹿胶液。

胶矾水是指在胶水中按照一定比例加入明矾溶液形成的混合溶液。明矾和胶一样，是岩彩画中不可或缺的材料。胶矾水的主要功能是防止纸、绢等载体渗透水分，并使颜料不易剥落、水解。

|01| 京上胶
|02| 三千本胶
|03| 粒胶
|04| 明矾

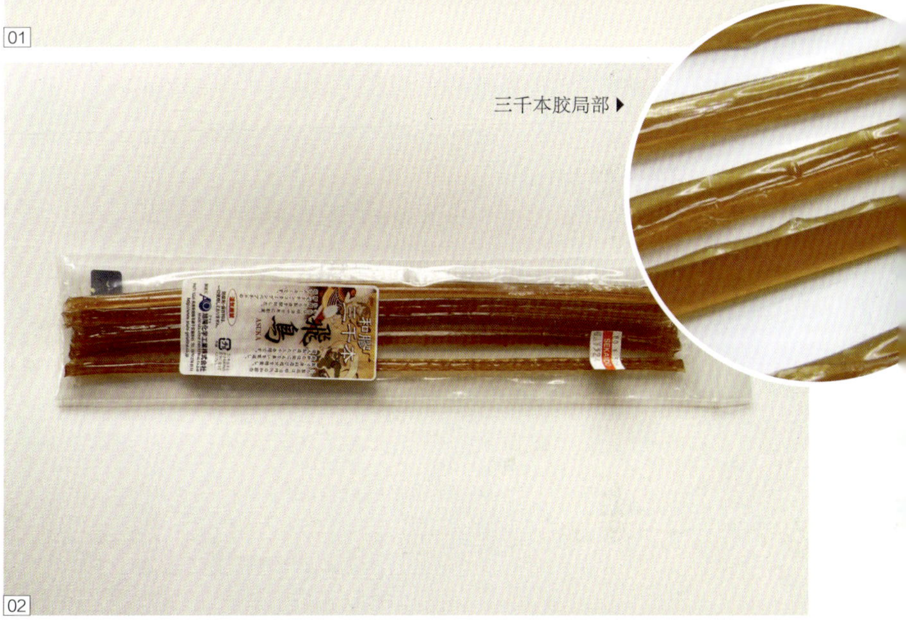

京上胶局部▶

三千本胶局部▶

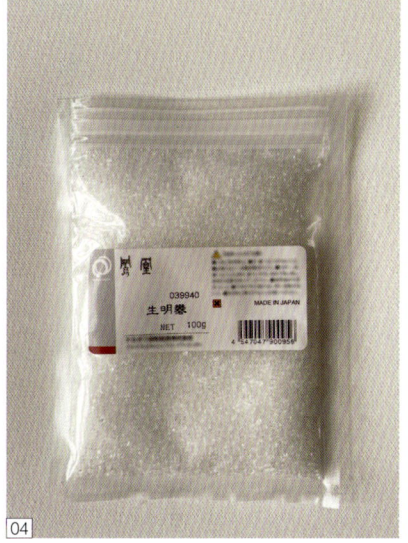

6

金属

材料

金属材料是岩彩画中比较重要的绘画材料，能与矿物颜料在画面中交相辉映。常使用的金属材料有箔类，如金箔、银箔、铜箔、铝箔等。此外，还有金泥、银泥等金属颜料。

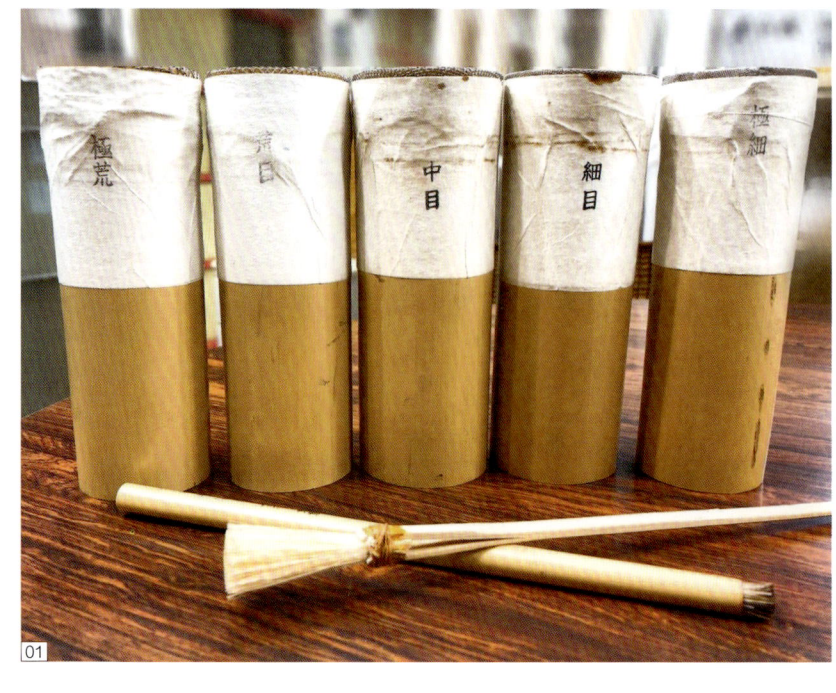

01

01 砂子筒、刚刷笔、金箔刷
02 白口金箔
03 白金箔
04 纯银箔
05 青贝箔
06 紫铜箔
07 赤贝箔
08 黄铜箔
09 纯金箔
10 不同粗细的砂子筒
11 银泥
12 金泥
13 砂子筒

02

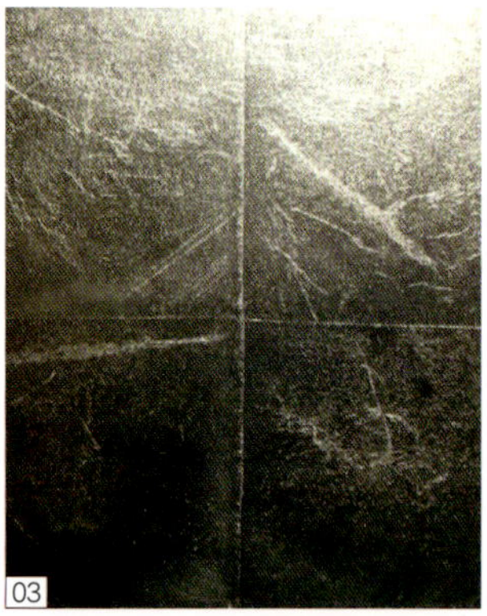
03

04

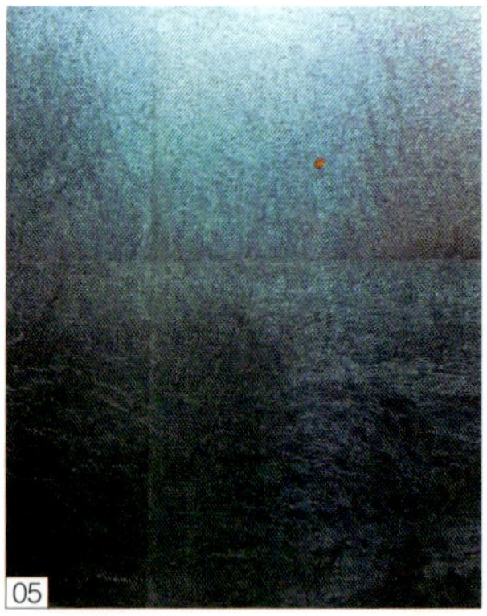
05

06

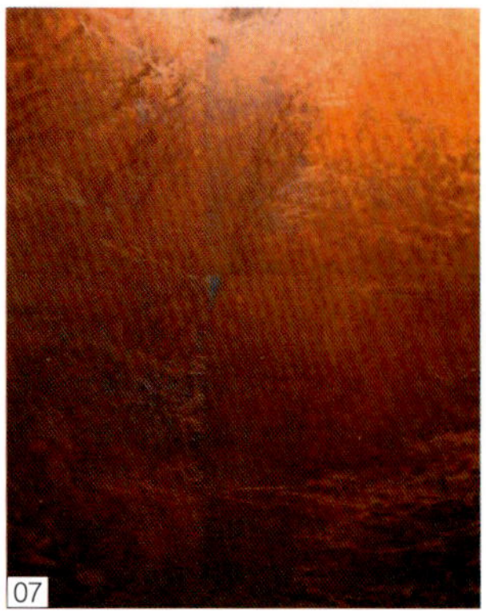
07

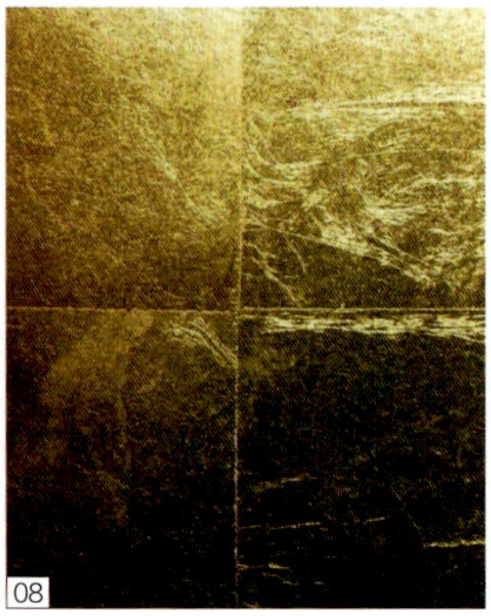
08

09

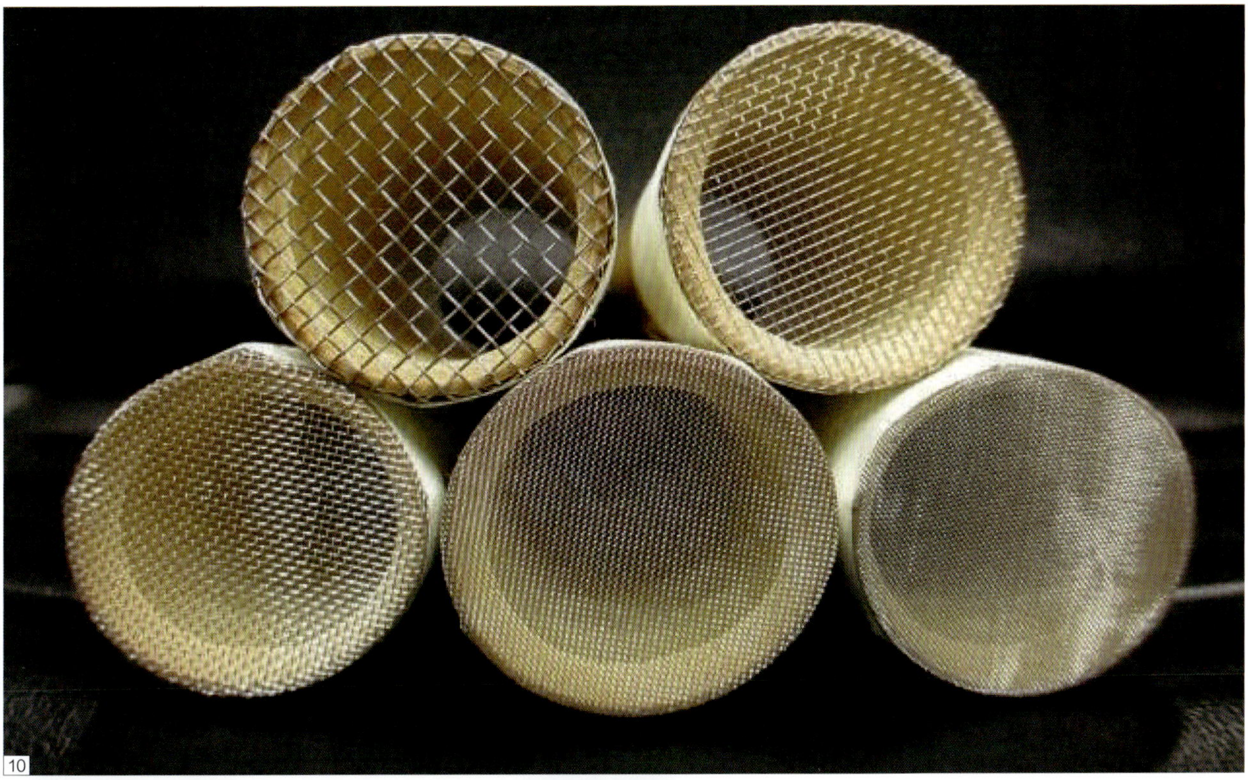

10

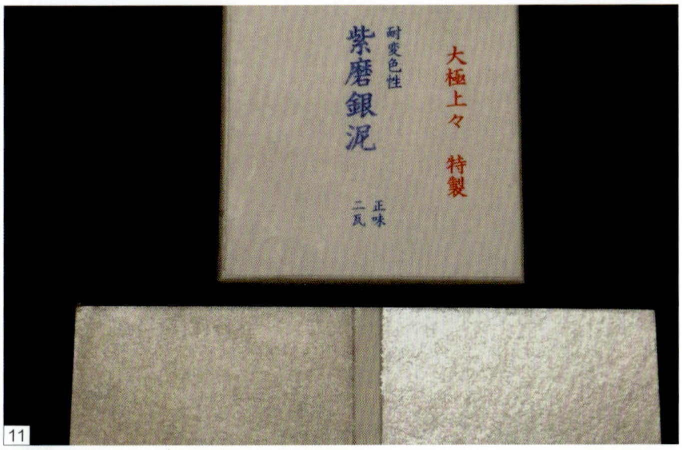
耐変色性
紫磨銀泥
正味
二瓦
大極上々
特製

11

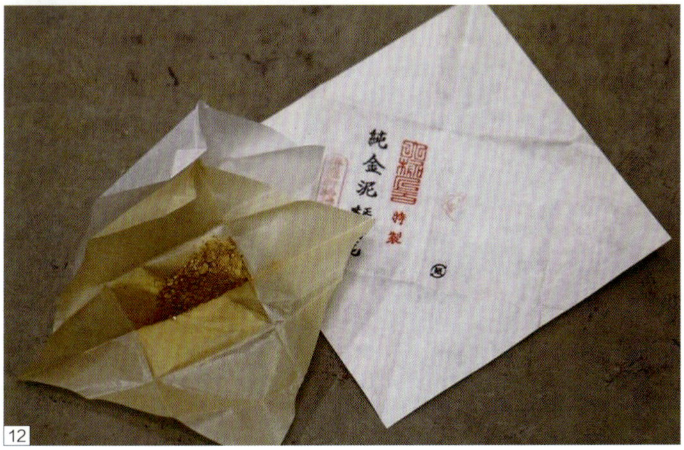
純金泥
特製

12

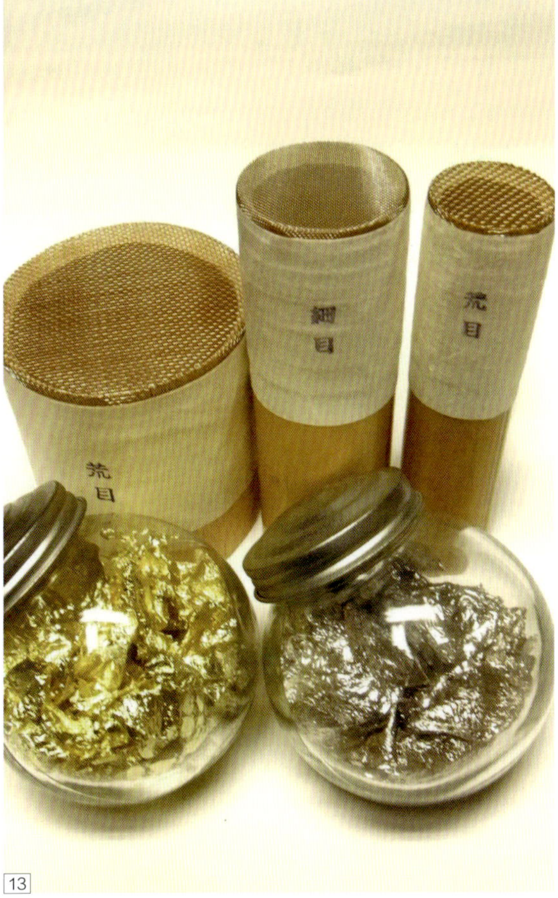
細目
荒目
荒目

13

7 笔、刷

画岩彩画时，画面的效果全靠"运笔"来实现，常用的笔、刷工具有勾线笔、白云笔、平笔、连笔、平刷等。

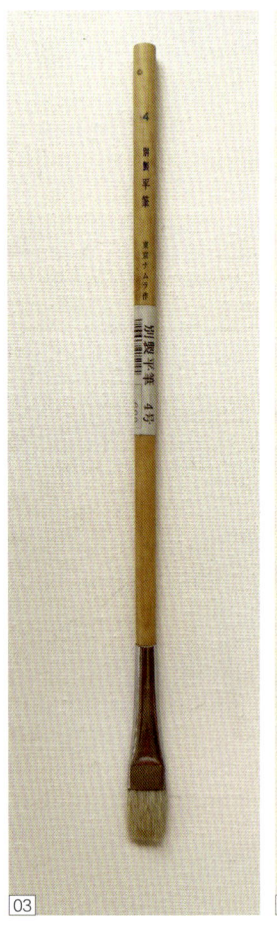

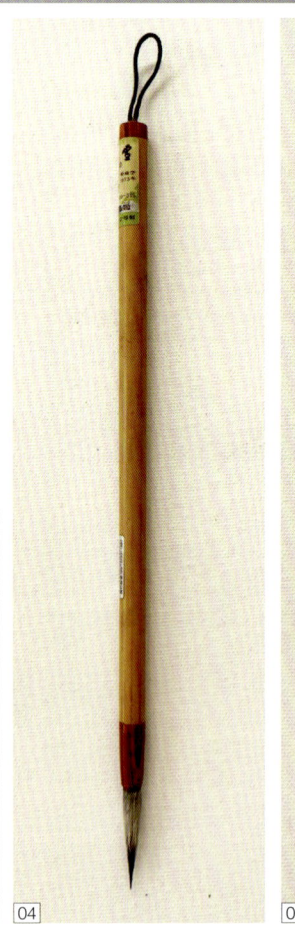

01	浆糊刷	04	勾线笔	07	连笔	10	毛刷
02	平笔（2号、5号）	05	骨书笔	08	平笔		
03	别制平笔	06	金箔刷	09	刚刷笔		

8 基底材料
（纸、绢、布）

岩彩画可画在纸、绢、墙壁、木板、麻、棉、皮革等各种各样的载体上（这里称为基底材料）。自从岩彩画有厚涂的表现形式之后，讨论基底材料时，一般就是指"纸"这个载体。当然，为了拓展表现的范围，也可以使用呈色效果不错的绢布、坚韧的麻布或棉布作为岩彩画的载体。

01 绢
02 麻布
03 麻纸、生皮纸

9 其他工具

绘制岩彩画，还需要用到下图所示的笔洗、水滴（加水器）、研钵、杵、碟子、勺子、加热器、烧杯、电熨斗等其他辅助工具。

第三章

岩彩画的准备工作

岩彩画是指使用矿物颜料调和胶质媒介绘制成的作品,是区别于油画、水墨画、水彩画等自成体系的画种。在绘制前做好准备工作,才能更好地进行岩彩画的绘制。

1 胶矾水的配制

动物胶是岩彩画的黏着剂,整个绘制过程都需要使用,所以泡胶是岩彩画绘制过程中既基础又重要的一步。胶矾水主要用来处理岩彩画的基底材料和固定画面颜色。处理基底材料是指用胶矾水使纸张变性,使其从生纸变成熟纸,以便让矿物颜料能够更好地附着。胶矾水还可以充当固色剂,防止在画画的过程中底层的颜色发生翻色、水解等情况。

下面给大家演示胶矾水的配制操作。

> 配制胶矾水需要明矾、明胶粒、研钵、烧杯、杵、其他容器和一杯清水等。

扫一扫,"码"上学

调制胶液和矾液

明胶粒吸饱水分后的状态,应该是半透明果冻状,具有弹性。

❶ 我们首先来配制胶水。先用冷水浸泡干的明胶粒,以水淹没明胶粒为宜,待明胶粒吸干水分后,再加入冷水淹没明胶粒,直到明胶粒吸饱水分。

❷ 准备70℃左右的热水(水温过高会破坏胶中的蛋白质,从而导致胶失去黏性),以及泡发好的明胶粒。

这就是明胶粒溶解后形成的胶水。

❸ 将热水注入装有泡发好的明胶粒的烧杯。

❹ 用勺子搅拌,直到明胶粒完全溶解在水中,形成胶水。

❺ 将明矾放入研钵中。

❻ 用杵将明矾研磨成白色粉末。

❼ 往研钵中注入清水,使明矾粉溶解。如果钵底还有部分明矾粉无法溶解,说明明矾溶液已经达到饱和状态。

扫一扫,"码"上学

配制胶矾水

❽ 这个时候我们就可以配制胶矾水了。准备好胶水、饱和的明矾水和空的容器。胶矾水的配制比例大约为胶水 25 克、明矾水 10 克、清水 1000 毫升。这种胶矾水还可以用来做熟绢、熟宣纸,但是不同厂家生产的胶或矾在使用时配制比例会有所不同,不同画家在配制胶矾水时比例也有很大的不同,这一比例仅作为参考,具体以实际需要为准。

❾ 往容器中注入胶水。

❿ 往容器中注入明矾水,明矾水大约是胶水的三分之一再多一点。

⓫ 往容器中注入适量清水,搅拌均匀,胶矾水即配制完成了。

2 浆糊的熬制

下面给大家演示如何熬制浆糊。

浆糊是传统的黏着剂,熬制浆糊需要准备加热器、锅、漏勺、滤网、水和低筋面粉等。

❶ 在锅中加入适量低筋面粉,并注入清水。

❷ 用漏勺不停搅拌面粉浊液,直到面粉与清水完全混合。

❸ 将盛有面粉浊液的锅放在加热器上用小火加热,并不停搅拌,使面粉受热均匀且不糊锅。

❹ 在加热过程中面粉浊液由牛奶状逐渐变成糊状,意味着浆糊即将熬制完成。

浆糊熬制成功的状态,无糊锅且质地细腻均匀。

❺ 熬制完成的浆糊还需过滤,所以要提前准备好滤网,然后将熬好的浆糊倒入滤网。

❻ 熬好的浆糊里面会有杂质和面筋,如果不过滤,使用时会损伤刷子。

❼ 滤网会过滤掉浆糊里面的杂质与面筋,过滤后的浆糊会更加细腻。

TIPS

熬制好的浆糊的浓度比较高,我们需要调制到一个适合裱纸的浓度,具体的操作实践请扫码观看视频。

扫一扫,"码"上学

调制浆糊的浓度

3 蛤粉的调制

蛤粉是岩彩画颜料中非常重要的白色颜料,是目前自然界中能够找到的最白的颜料。蛤粉的质地非常细腻,但如果直接加胶调和,蛤粉的微粒不容易全部和胶水混合。所以调制蛤粉需要揉制和摔打,这样调制出来的蛤粉才会更加柔和、细腻。

下面给大家演示蛤粉的调制过程。

扫一扫,"码"上学

调制蛤粉丸子并化开

调制蛤粉的材料有清水、胶水、碟子、盘子、勺子和蛤粉等。

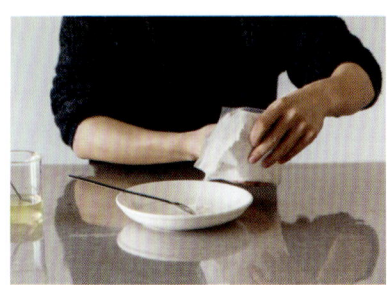

❶ 将适量的蛤粉倒入碟子中。

❷ 向碟中少量多次地加入胶水,并用勺子不断搅拌均匀。加入胶水的时候一定要少量多次,才方便控制胶水的量。

❸ 不断加入胶水并搅拌,用勺子将蛤粉与胶水充分混合。

❹ 直到蛤粉能和成团状。一定要控制好胶水的量,胶水太少蛤粉不易聚拢,胶水太多蛤粉不能揉搓成团。

❺ 用手将蛤粉揉搓成团,揉搓至碟子底部干净为止。

❻ 用手将蛤粉丸子在碟子底部反复摔打,摔打一百次左右,直至将其中的空气完全排除。

❼ 将蛤粉搓成条状,增加蛤粉与空气的接触面积。

❽ 将蛤粉条盘在碟子底部，呈蚊香状。然后将蛤粉条压实，这样溶解蛤粉的时候可以沿着碟子底部一点一点研磨，不会有未研磨的蛤粉团。

❾ 向蛤粉中注入 75℃的热水，静置一分钟。

❿ 此时热水已经将蛤粉中的脏东西浸出，将碟中热水倒掉。

⑪ 注入适量清水（冷水），然后用手指沿着碟子底部一点一点研磨蛤粉。

⑫ 研磨至液体呈浓稠奶油状，倒进准备好的盘子中。

⑬ 沿着碟子底部一点一点研磨，逐渐推进。

⑭ 注入清水继续研磨。分次注入清水可以有效控制蛤粉液的浓度。

⑮ 将调制好的蛤粉液倒入盘中，依次进行，直至将蛤粉完全研磨。

TIPS　蛤粉的保存与少量蛤粉的调制方法

将揉制好的蛤粉丸子，放入器皿中加入水并覆盖上保鲜膜，再放入冰箱保鲜层中，可存放半个月左右。需要时，从中取适量蛤粉放入碟中，再以温水溶解就可以使用了。如果只需要少量蛤粉，可以直接加胶水用手指调和，但是需要尽可能多调制一些时间，尽量让蛤粉与胶水均匀混合。如果需要比较细腻的白色，就不要省略揉制的步骤。调制好蛤粉后，就可以在裱好的纸面上刷蛤粉了，具体的操作实践，大家可以扫码看视频。

扫一扫，"码"上学

刷蛤粉

4 纸面岩彩
画板的制作

岩彩画作为一个特殊的画种,对绘画载体的要求比较高,掌握正确且科学的裱纸方法是非常重要的。纸张是岩彩画常用的基底材料,因为岩彩画常使用厚涂、水洗、打磨、揉纸等技法,所以对纸张的要求也比较高。岩彩画一般选用麻纸。麻纸是用麻纤维制作而成的,非常结实耐用。常用的麻纸有云肌麻纸、高知麻纸、土佐麻纸、白麻纸等。掌握正确的裱纸方法是非常重要的:一方面能够让绘制成的岩彩画作品保存更长的时间,即便背后的木板发生变形、虫蛀等损坏,也可以轻松完整地进行揭裱,并重新裱到完好的木板上;另一方面能够使我们更好地绘制作品——正确的裱纸方法可以使纸张在画面大面积刷水后,依然能够保持平整,不会起皱。

下面给大家演示裱纸的过程。

扫一扫,"码"上学

裱纸所需要的材料

裱纸前的准备

裱纸需要准备生皮纸、熟麻纸、木板、笔刷、浆糊以及清水等。下图中下方是熟麻纸,纤维紧实,能够承接比较厚的画法;上方是生皮纸,在托裱时可以保护麻纸,也方便以后揭裱。

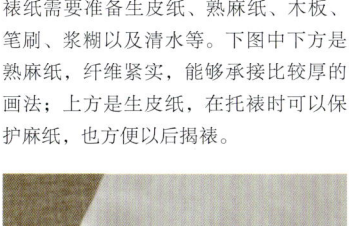

❶ 裁剪纸张,先要考虑木板的厚度和木板正面的大小。

❷ 立起木板，在纸上做好标记，横竖都是如此。

❸ 开始调制浆糊，将浆糊调制到需要的浓度。裱纸和裱绢所需要的浆糊浓度有所不同，应该注意。

扫一扫，"码"上学

托纸

托纸

❹ 加水调好的浆糊应该是如图所示的状态，浆糊挂在笔刷尖，呈水滴状下滴。如果呈水柱状下滴，则表示太稀；如果不易下滴，则是太干。

❺ 裱纸前需要先在熟麻纸背面刷上清水，开始醒纸，让麻纸的纤维舒展开来。

❻ 同时给生皮纸刷上浆糊，刷浆糊时应该从纸的中间向四周运笔，呈"米"字形刷浆糊，这样才能让皮纸平整地铺在桌面上。

这里将两张纸放在一起做个对比，左边是生皮纸刷上浆糊的状态，右边是熟麻纸刷上清水的状态。

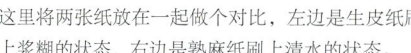

❼ 给皮纸刷好浆糊后，麻纸也醒得差不多了。

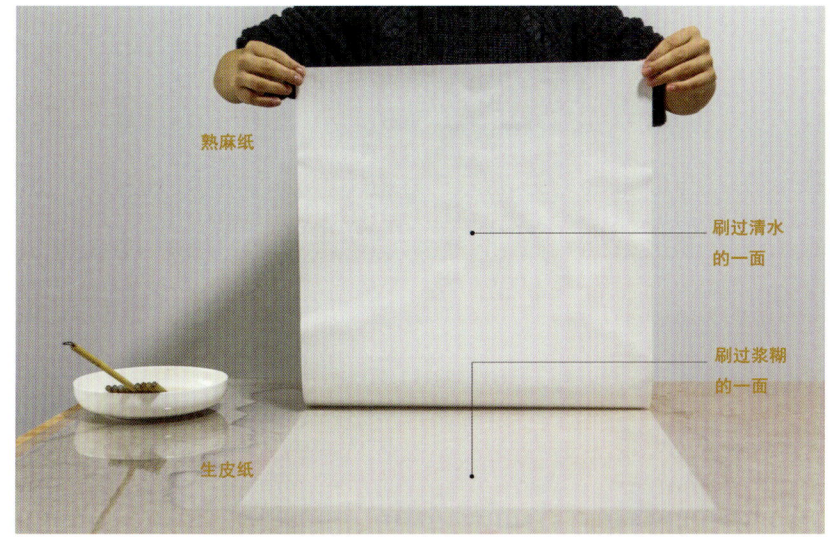

熟麻纸

刷过清水的一面

刷过浆糊的一面

生皮纸

❽ 现在需要将两张纸托裱成一张纸。下方是皮纸,刷浆糊的一面向上;手拿麻纸,刷水的一面向下,由一边对齐并缓缓放下。

❾ 如图所示,两张纸将合成一张纸,用干净的笔刷将纸张中间的空气沿"米"字形的方向刷出去。

❿ 两张纸托裱完成,此时下方是皮纸,上方是麻纸。

⓫ 将纸张翻过来,让皮纸朝上,麻纸朝下。

扫一扫,"码"上学

裱板

裱板

⓬ 覆上木板,如图所示,木板应放在纸的中间,尽量保持左右均衡,上下一样。

⓭ 给木板的四条边刷上浆糊。

⓮ 先粘四条边的中间,不要将纸张与木板完全粘死。

⓯ 木板四条边依次操作。

⓰ 如图所示，只是暂时固定了四条边，四个角并未粘上。

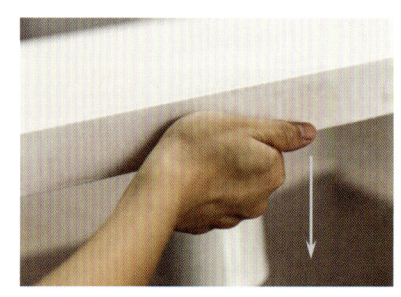
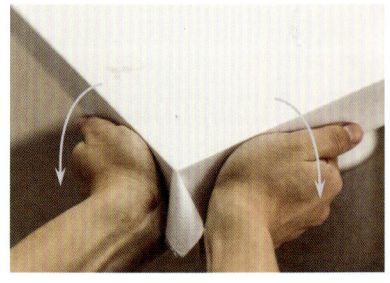

⓱ 将木板翻过来，有纸的一面向上。

⓲ 用手掌板门处肌肉均匀向下用力压紧纸张，让纸张受力均匀。

⓳ 角的位置应该格外注意，用两只手板门处肌肉向下均匀用力，千万不可顺着角的方向拉扯纸张。

这是折叠好的状态，把包角褶皱藏在纸下面。
▼

⓴ 纸张的包角处理也尽量讲究一些，沿图中标注方向折叠。

㉑ 在折叠处刷上浆糊，将其粘起来。

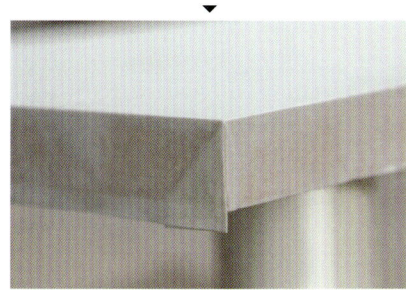

这是包角粘好的状态。

❷❷ 裱好后,纸面平整,四周均匀。

❷❸ 将裱好的画板竖立靠墙阴干,不可用阳光晒干或用电吹风吹干。

❷❹ 画板干透后,用小刀将多余的边角切掉。

❷❺ 调制好蛤粉液,用笔刷搅匀备用。

㉖ 给纸面均匀地刷上蛤粉。笔刷上的蛤粉液不宜过多，避免纸面积水积胶，刷的时候先横向均匀刷一遍。

㉗ 第一遍蛤粉液干透后，再竖向均匀刷一遍，同样注意纸面不要积水积胶。

㉘ 第二遍蛤粉液干透后，再横向均匀刷一遍。蛤粉液共刷三遍就差不多了。

㉙ 这是刷完蛤粉的画板，板面平整洁白，可以用于岩彩画的绘制了。

5 绢面岩彩
画板的制作

绢也是岩彩画中常用的基底材料。绢是用蚕丝制作而成的,是非常细腻的基底材料,发色效果也特别棒,适合画比较细腻的岩彩画作品。

下面来给大家演示裱绢的过程。

裱绢应准备的材料有生皮纸、生绢、木板、笔刷、浆糊和水等。

❶ 绢的左右是封死的,应用剪刀将封边去掉。

绢是有横竖之分的,经线与纬线的粗细是不同的。

❷ 调制浆糊，裱绢的浆糊与裱纸的浆糊的浓度有所不同。裱绢的浆糊应是挂在笔刷上呈不易滴下的状态。

❸ 选一张尺寸适宜的生皮纸，沿"米"字形的方向从中心向四周刷上调制好的浆糊。

❹ 刷好浆糊的生皮纸需要干燥一会儿，迎着光看表面不反光，说明表面的水气已经蒸发掉，但并未干透，此时就差不多了。

❺ 将裁剪好的生绢放在清水里浸泡一下，然后把绢的水分拧干。

❻ 如图所示，开始绢的托裱。

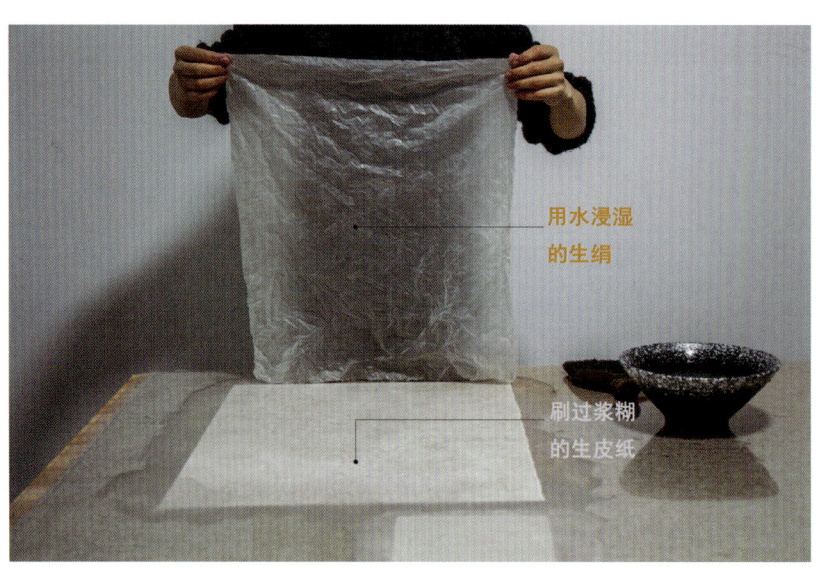

❼ 用棕刷将绢覆盖在刷好浆糊的纸上。

❽ 用棕刷从绢的中心向四周呈"米"字形用力刷,让纸和绢很好地贴合在一起。用力尽量均匀,将纸和绢中间的空气赶出去。

这是绢托裱好的状态。

❾ 让托裱好的绢有纸的一面朝上,平铺在桌面上,覆上木板,注意四周均匀。

❿ 在木板的四周刷上浆糊。

⓫ 将木板四周的中间部分贴合起来。

  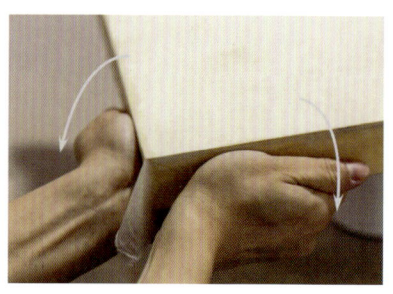

❷ 将木板翻过来,可以看到四角还未包死。

❸ 用手掌板门处肌肉,把木板四周中间位置的绢用力向下拉伸、贴紧。

❹ 角的位置沿如图标注方向用力。

❺ 绢面裱平整后开始包角,要将角的褶皱隐藏在绢面下,沿如图标注方向进行折叠,在折叠处刷上浆糊。

角包好的状态。

❻ 将裱好的绢面画板竖立阴干。

这是完全干燥的绢面画板,干净平整。

❼ 开始调配胶矾水,刷绢的胶矾水应该比刷纸的胶矾水要淡一些。

❽ 笔刷上的胶矾水应是均匀分布但不下滴的状态。

❾ 给绢面刷胶矾水时应该保持用力均匀，绢面呈不积胶不积水的湿润状态。

❷ 矾（熟）好绢面后，开始调蛤粉液，刷之前应将蛤粉液充分搅拌。

㉑ 刷蛤粉液的时候，先横向均匀刷一遍，干透后竖向刷一遍，干透后再横向刷一遍，一共刷三遍就可以了。刷蛤粉液时要注意绢面不要积水积胶，保持湿润状态就可以了。

干透的绢面画板，平整洁白，适合绘制精细的岩彩画。

6 布面岩彩
画板的制作

岩彩画的基底材料也会用到亚麻布。亚麻布的质地更加粗糙和结实,对矿物颜料的抓力也比较强,适合临摹厚重的壁画或者绘制材料性更强的作品。

下面给大家演示裱布的过程。

裱布要准备的材料有油画布(经过特殊处理的亚麻布)、钉枪、U型钉、笔刷、木板、白乳胶和绷布钳等。

❶ 调制白乳胶,现成的白乳胶是比较黏的,需加水稀释。

❷ 加水的同时用笔刷搅拌，将白乳胶调制成牛奶状就可以了。

❸ 在木板表面刷上调制好的白乳胶。

❹ 将裁好的油画布刷过底的一面与木板贴合。

❺ 用棕刷从油画布的中心向四周用力刷，将多余的胶液与空气从贴合处赶出去，使油画布与木板平整地贴合在一起。

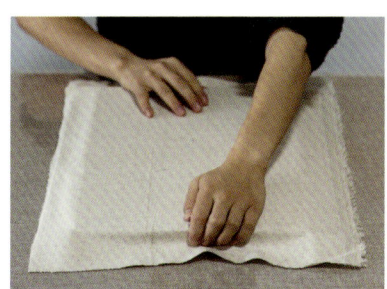

❻ 按住木板的两边，把木板翻过来。

❼ 开始贴合木板的四周。

❽ 从四周的中心部位开始固定。

❾ 配合使用绷布钳和U型钉,先固定四周的中心部分。

❿ 由于油画布比较硬,包角的时候可以使用尖硬的东西辅助。

⓫ 将角的褶皱隐藏在油画布下方。

⓬ 用钉枪将布面画板的四周和角固定住。

这是从侧向角度看包边和包角的状态。　　裱好布的画板,油画布和木板贴合得非常平整。

⓭ 给布面画板刷底,需要准备澄板土、研钵、胶水、粗颗粒矿物颜料、笔刷等。

⓮ 用研钵将澄板土研成粉末状。干净的澄板土通常没有杂质。

⓯ 向澄板土里加入胶水，用杵将澄板土与胶水充分混合。

⓰ 向研钵里加入粗颗粒矿物颜料，澄板土与粗颗粒矿物颜料的比例在10:1左右。

⓱ 用杵将混有粗颗粒矿物颜料的澄板土底粉混合形成底料，加入适量的清水进行稀释。

❶❽ 用笔刷先横向平刷底料，平刷底料时应注意布面不要积水积胶。

第一遍刷过底料的地方，还依稀可以看到布的经纬线，所以底料需要多刷几遍，把布纹空隙处填充起来。

❶❾ 第一遍底料干透后，准备刷第二遍底料。第二遍竖向平刷底料。

❷⓿ 第三遍横向平刷底料。由于底料里有粗颗粒矿物颜料，可以增加底料之间的摩擦力，先后大约刷三次底料就可以了。

底料干透的状态：布的经纬线被底料完全覆盖，底料含有粗颗粒矿物颜料，增加了基底层的摩擦力。

㉑ 刷完含有粗颗粒矿物颜料的基底层后，开始刷粉质底料，先研好澄板土。

㉒ 向澄板土中加入胶水，用杵将澄板土与胶水完全混合形成粉质底料。

㉓ 在含有粗颗粒矿物颜料的基底上刷粉质底料，可以看到有飞白。

㉔ 重复刷三四次，粉质澄板土底料会将粗颗粒矿物颜料的空隙填平。

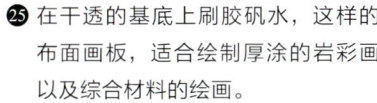

㉕ 在干透的基底上刷胶矾水，这样的布面画板，适合绘制厚涂的岩彩画以及综合材料的绘画。

第四章

作品创作

本章将为大家详细演示壁画、花卉、人物、特殊技法四种类型的绘制过程,每个案例都详细列出了作画的步骤,方便大家学习和掌握。学习岩彩画除了要熟练掌握矿物颜料的使用外,更重要的就是掌握绘制步骤。学习岩彩画需要先建立完整的绘画体系,再不断地融会贯通,找到适合自己的表现语言。

1

龟兹壁画
临摹过程

对中国古代壁画的临摹是我们学习岩彩画的第一步，也是非常重要的一步。临摹中国古代壁画的目的是了解和掌握矿物颜料层面叠加的造型逻辑，所以临摹壁画并不是简单地"依葫芦画瓢"，而是要深入分析和研究所要临摹的壁画样本。临摹的目的就是深入研究古代壁画的绘制技法与造型方式。中国古代壁画因为自然、人为等因素的损坏，产生了许多肌理变化，这些变化是古代壁画的视觉要素，要想把这些肌理变化在临摹品上面呈现出来，就需要深入了解壁画的绘制步骤、材料、技法以及肌理产生的原因。

研究分析壁画样本的方式

①图形平面分析

②立体切面分析

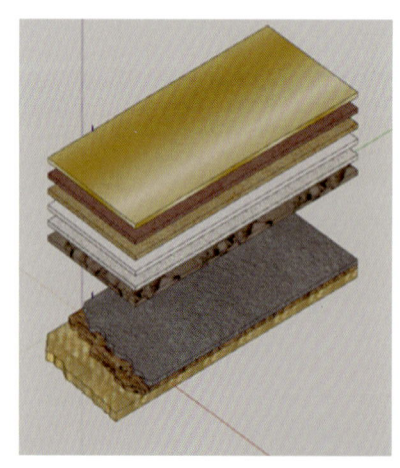

在临摹壁画前，要对所临摹的壁画做深入的研究分析。分析的方式有两种，一种是图形平面分析，另一种是立体切面分析。只有两方面都分析到位才能临摹出优秀的壁画作品。

图形平面分析是指对壁画图形的黑白分析和色彩分析，能发掘古代壁画的色面造型，抽离壁画的构成形式，从而锻炼我们对画面整体的把握能力，这一点对岩彩画创作是非常有帮助的。

壁画样本的立体切面分析

绘画层

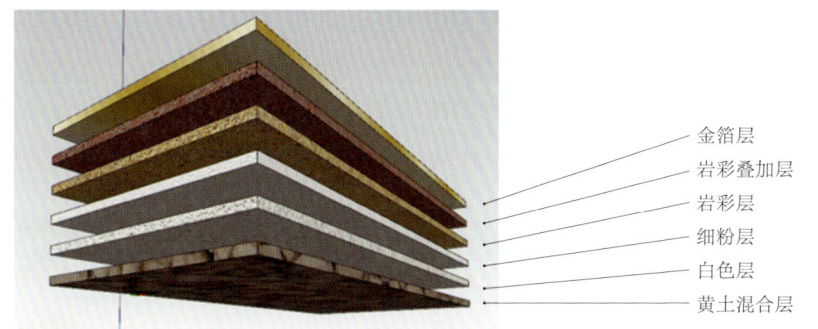

- 金箔层
- 岩彩叠加层
- 岩彩层
- 细粉层
- 白色层
- 黄土混合层

立体切面分析是指对壁画多层结构的分析。壁画的绘制方法是多层矿物颜料的层面叠加,而不是简单的勾线填色,这也是岩彩画中矿物颜料的主要造型方式。

基底层

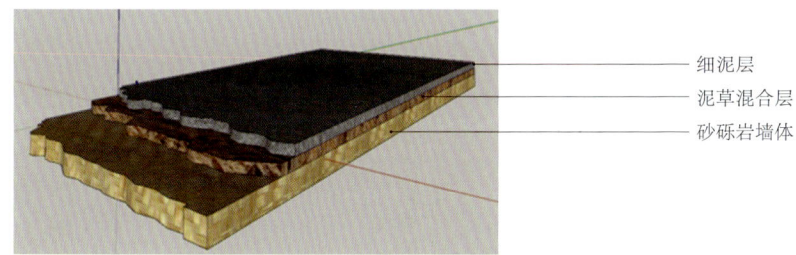

- 细泥层
- 泥草混合层
- 砂砾岩墙体

　　不同壁画样本的层面叠加结构是不一样的,有的壁画可能只有两三层结构,有的壁画可能复杂到有十多层结构。具体壁画要具体分析,没有一个"套路"可以用到底。所以我这里讲的是一个绘画思路,并不是一个固定的方法。

　　完成前面两个分析后,我们要将分析所得到的信息和结论,通过临摹的形式表现出来,落实到画面中。临摹的过程离不开对各种材料和技法的使用,希望大家在下面这个简单的壁画临摹演示中,能够理清壁画临摹的思路,并举一反三,不断尝试临摹新的壁画,从而熟悉和掌握岩彩画的材料与表现技法,这样对岩彩画才算是正式入门。

下面给大家演示龟兹壁画的具体临摹过程。

❶ 选取 5 号的粗颗粒天然砂，平刷在岩彩画板上。

右图是刷好粗颗粒天然砂的岩彩画板，其基底层第一层是沙砾层（也可以在白色的画板上先刷上淡墨或者黄土，做成一个有颜色的基底）。

❷ 用复写纸将壁画残损或者剥落的痕迹拓在纸胶带上面，然后用刻刀将残损的形状刻出来。同时，准备好材料：稻草（秸秆）、黄土、粗砂。

❸ 粗砂与黄土的比例是 1:10，加入胶水，用手将粗砂和黄土的混合物调和均匀。

❹ 加入稻草并混合。用刷子将泥草混合物平刷在沙砾层上，刷的时候注意薄量多次。

泥土（粉质颜料）如果一次性刷得太厚，会龟裂剥落，所以应该是薄量多次地去刷，静置阴干，不可以放在太阳下面暴晒或用电吹风吹干。

基底层第二层——泥草混合层完成。▶

基底层第三层——细泥层完成。▼

❺ 黄土与粗砂的比例是 10:1，加入胶水，不加稻草调和均匀。将砂土混合物平刷在泥草混合层上，依然是薄量多次，静置阴干。

现在空出来的部分（黄色的部分）是需要绘制的部分。▼

❻ 用砂纸将基底层打磨一下。用纸胶带贴出壁画残损的形状。

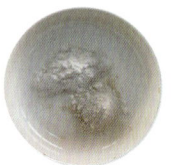

蛤粉 + 白垩土

基底层第四层白土层完成。

❼ 将材料"蛤粉+白垩土"加胶均匀调和成白土。给画面黄色的部分平刷上白土,依然是薄量多次。刷好白土后静置阴干。

赭石

基底层全部完成,现在进入绘画层。

❽ 将纸胶带揭下来,贴痕会形成一个断面,模拟出壁画残损和剥落的痕迹。

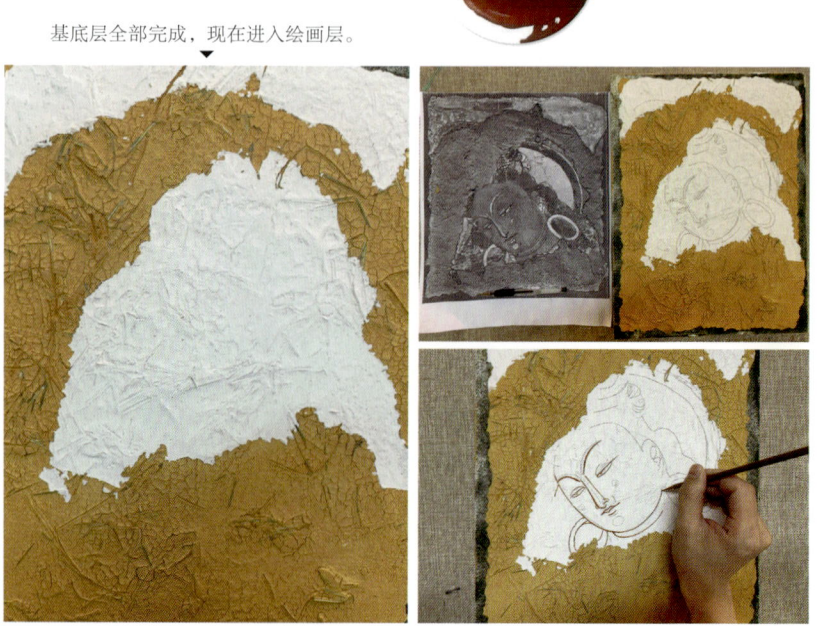

❾ 用复写纸在白土层拓印出具体的形象。调和矿物颜料赭石并进行勾线。

068

❿ 用赭石平涂出画面深色的部分，并分染出人物的结构。

勾线完成。

绘画层第一层——赭石层完成。

青金石颜料（12号）

⓫ 选择青金石颜料（12号）平涂蓝色部分。

独逸银黄土

⓬ 选择土色颜料——独逸银黄土，调和胶后用独逸银黄土平涂人物皮肤部分。

孔雀石（13号）

⓭ 选择矿物颜料——孔雀石（13号），调和胶后用孔雀石平涂人物头光部分。

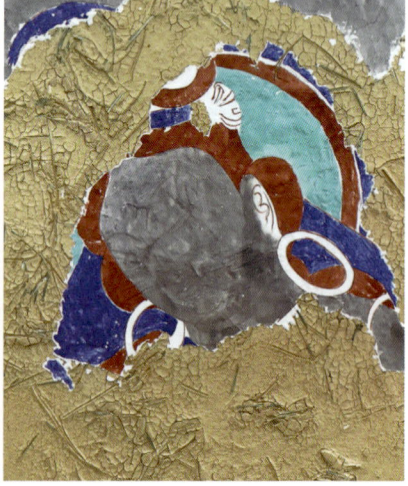

岩黑（13号）

⓮ 选择矿物颜料——岩黑（13号），古代壁画中的黑色大部分都不是矿物颜料，而是"百草霜"，也就是杂草经过燃烧后附着于锅底或烟筒中的烟墨，这里使用天然的岩黑替代也可以。将调和好的黑色颜料叠加于赭石层之上。

赭石会通过颜料颗粒的缝隙透露出来，
让黑色变得不死板，是有颜色倾向的黑色。
绘画层第二层完成。

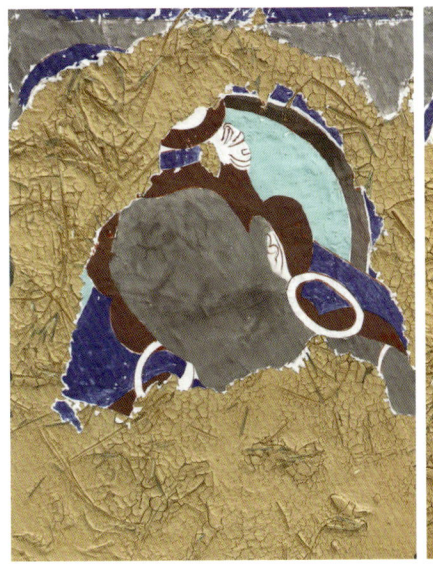

❶❺ 用赭石复勾出人物的五官和壁画的细节。

蛤粉

❶❻ 选择粉质颜料——蛤粉，调和胶后用蛤粉勾勒出画面细节。

071

❼ 用砂纸对绘画层进行打磨，将底下的颜色显露出来，形成壁画斑驳的痕迹。用干净的刷子将打磨后的粉尘轻轻扫去。最后调整画面整体细节，龟兹壁画就临摹完成了。

2
岩彩花卉
《芳华烂漫时》
绘制过程

　　这张岩彩画作品是一幅静物花卉写生，我在绘制的过程中弱化了岩彩画的特殊技法，强调了用矿物颜料来塑造形体的方法。用矿物颜料来塑造形体是一个比较难的点，除了要有素描功底和色彩功底，还考验画者对岩彩画的特殊材料的熟悉程度与运用能力。

　　下面给大家演示花卉岩彩画的具体创作过程。

❶ 在创作岩彩画之前，需要准备一张静物花卉小稿。

073

❷ 准备4种水干颜料，颜色可以由创作者根据自己的画面去搭配。先用杵将水干颜料研磨成粉末状。因为水干颜料是粉质颜料，是利用"水干板流法"制作出来的，所以都是结块的，需要先研磨细，再加入胶水继续研磨，直至胶水与颜料充分混合。

调好颜色备用。
▼

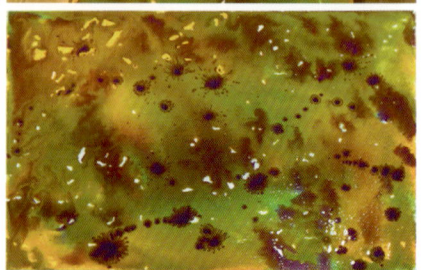

❸ 水干下绘，也称为水干色做底，将颜色刷在画面上，注意颜色的分布。颜色和颜色之间会相互融合，形成撞色的肌理效果。很多肌理效果是自然产生的，能产生很多意想不到的美，大家在画的过程中应该学会把控和取舍。画完后静置阴干。

▲
颜色的撞击和流淌。

小豆茶（12号）　　灰绿（12号）

❹ 用矿物颜料统一画面材质。选择天然矿物颜料小豆茶（12号）和灰绿（12号），分别加胶调和均匀后备用。

❺ 将小豆茶（12号）平刷在画面四分之三的部分，水干基底在矿物颜料下方若隐若现。

❻ 在画面下方接染灰绿（12号），并用水在颜色的交接处进行过渡。

矿物颜料统一材质完成。
▼

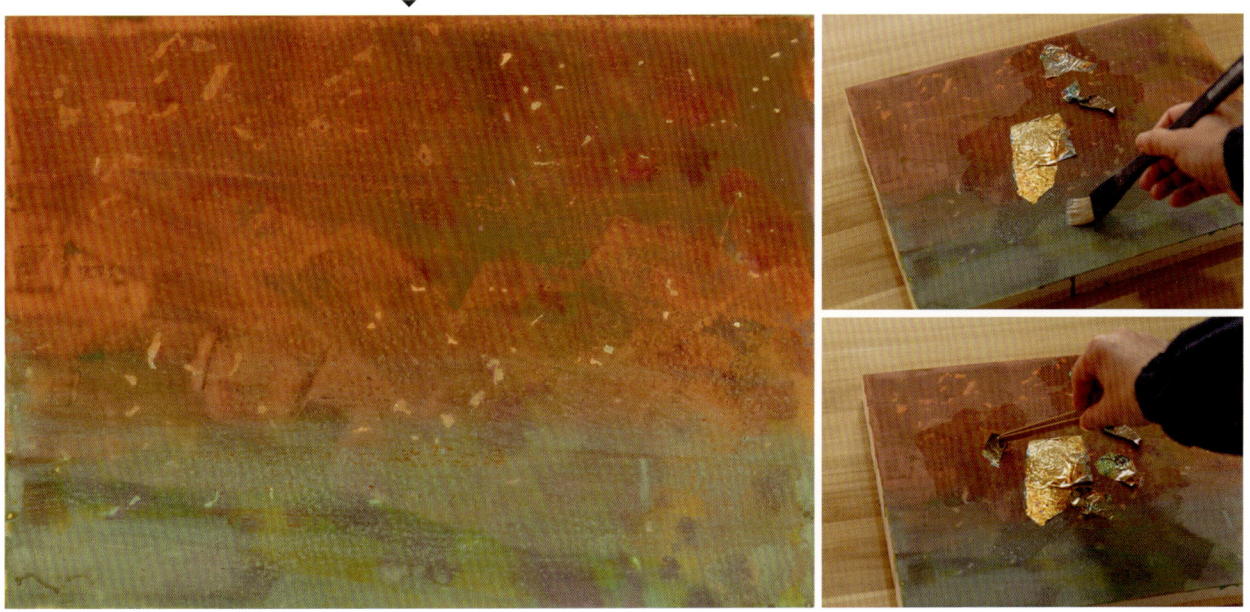

❼ 在画面上刷上淡胶水，贴上烧过的彩色箔。贴箔的时候要注意箔的大小、疏密和排布。

在胶水未干的情况下可以轻微打磨一下箔,让箔有一些残破变化。

❽ 基底制作好后,将事先准备的花卉线描稿用复写纸拷贝到画面上;然后调制天然矿物颜料蓝铜矿(9号),用平笔在背景部分平涂上蓝铜矿(9号)。

❾ 在背景蓝色与花卉主体部分用清水晕染过渡。我们可以通过画出画面负形,从而将画面的正形凸显出来。

第一遍背景颜色完成。

❿ 选用深蓝色的烧石青（9号），先画出画面的重色。花瓶是画面中比较重要的部分，可以先将花瓶的重色画出来。

⓫ 用烧石青（9号）画出花卉阴影的重色，用清水过渡好各部分颜色，让它们自然、柔和地出现在画面中，不要留存生硬的笔触。

⓬ 选用紫色的矿物颜料画出深色花卉的固有色，用浅灰色的天然矿物颜料画出浅色花卉的固有色。

画花卉的时候要先画虚的，再画实的，也就是先画出画面的大关系，再刻画细节和局部。

❸ 用烧石青（12号）分染叶子和花卉之间的遮挡关系，用天然矿物颜料椿（7号）画出暗部的叶梗和叶脉。

完成画面的整体感觉，可以进一步推进画面。

❹ 选择天然矿物颜料孔雀石（6号），在叶子的正面平涂，同时要注意叶子之间的穿插和虚实关系。

⑮ 主体的大体效果已经画得差不多了，继续推进背景，平涂蓝铜矿（12号）。平涂矿物颜料的时候要注意接笔一致，才能涂得相对比较均匀。

整体效果完成。

岩黄（12号）+ 蛤粉

⑯ 选择矿物颜料岩黄（12号），加蛤粉并加胶调匀。

⑰ 用调好的白色颜料提染花瓣，要注意花瓣之间的翻转与遮挡关系。

花瓣提染完成。

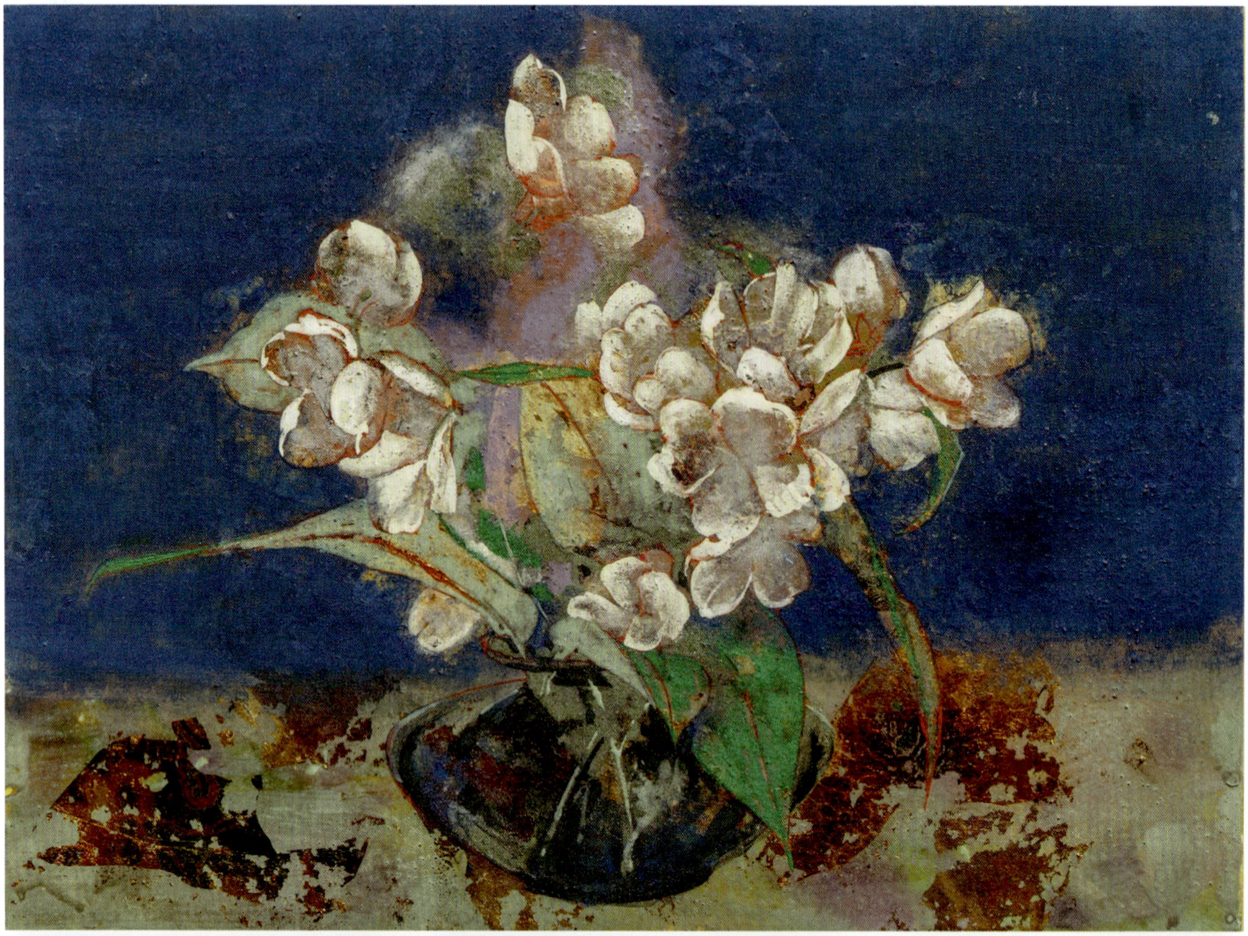

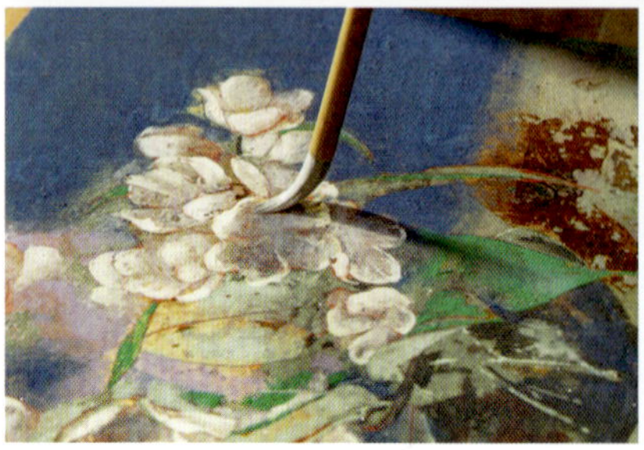

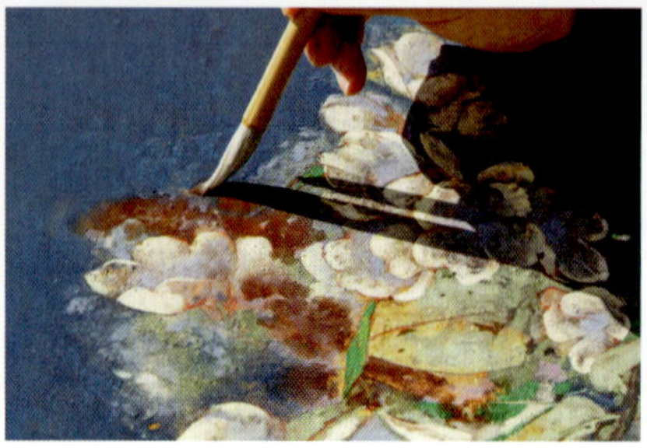

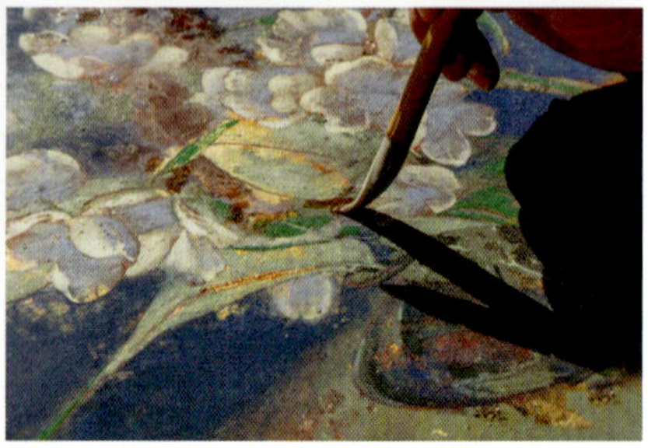

⓳ 选用紫群青（12号）分染花蕊部分，用紫群青（12号）与赭石（白号）点染深色花朵部分。

金茶（7号）

⓳ 选择矿物颜料金茶（7号）调和胶，用金茶（7号）统一地对桌面部分进行罩色。

花绿（5号）

❷⓿ 用粗颗粒矿物颜料制作画面肌理。选用粗颗粒矿物颜料花绿（5号）平刷画面，制作肌理效果。在画面未干的时候将画板竖放，让粗颗粒矿物颜料向下流淌，形成流淌效果。

粗颗粒肌理效果完成。

碧玉（12号）

❷❶ 选用天然矿物颜料碧玉（12号），用冷色分染花瓣暗部。

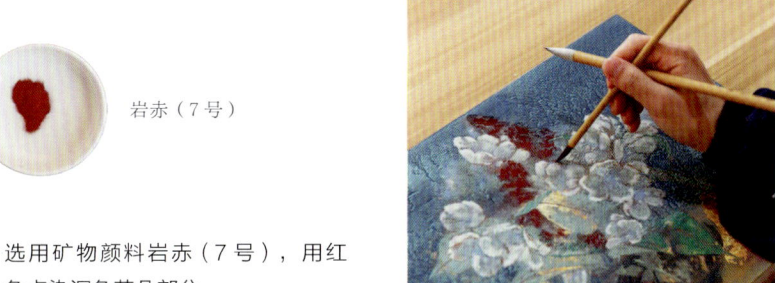

岩赤（7号）

❷❷ 选用矿物颜料岩赤（7号），用红色点染深色花朵部分。

椿（12号）

孔雀石（12号）

㉓ 选用天然矿物颜料椿（12号）和孔雀石（12号），用椿（12号）勾勒叶脉，用孔雀石（12号）提染叶子结构。

岩桃（7号）

㉔ 选用矿物颜料岩桃（7号），用岩桃（7号）继续点染红色花朵，注意花朵的细节。

初步刻画完成。

㉕ 选用碧玉（12号）刻画花瓶细节，注意重点刻画瓶口细节。

绘制的部分完成。

㉖ 选用岩黄（9号）点出花蕊，添加小细节。

㉗ 进行撒金处理。在需要撒金的部分刷上淡的明胶水，然后用金箔夹夹取纯金箔，将金箔放入砂子筒（荒目）中。

㉘ 用刚刷笔在砂子筒中来回搅动。

金箔以碎屑的形态飘落在画面上，此时落在画面中的金箔屑是立起来的，并未完全粘实在画面上。

㉙ 需要在胶水半干的时候用生宣纸盖在撒有金箔的地方，用棉花隔生宣纸按压。生宣纸一方面可以将金箔压实在画面中，另一方面可以吸取画面上多余的胶水。处理完金箔即绘制完成。

3 岩彩人物《金色玫瑰窗》绘制过程

　　这张作品是人物画的示范,人物是岩彩画比较难表现的一类题材,特别是用矿物颜料表现出皮肤细腻柔和的质感,更是有一定的难度。这张作品着重表现了人物,主要强调了岩彩画的绘制步骤和层面叠加的造型逻辑,同时也巧妙地将各种技法融入了画面之中,让画面更加出彩。

　　下面给大家演示岩彩人物画的创作过程。

❶ 将水干颜料美青倒入研钵内,用杵将结块的水干颜料研磨成粉状。

❷ 在研钵内加入淡胶(在岩彩画绘制过程中,胶的浓度并不是一成不变的,一般来讲,颗粒较细的粉质颜料用胶需要稍微淡一点,而粗颗粒矿物颜料则需要稍微浓一点的胶,胶的具体浓度需要大家不断积累经验)。在研钵内加入清水,控制胶的浓度及颜料的黏稠度。

❸ 水干颜料调制完成,水干下绘(水干色做底)。水干颜料发色量较大,比较容易使颜色覆盖画面,可以迅速统一画面色调或制作丰富的色彩基底。在刷颜色的时候,横竖用笔可以减弱笔触,让颜色更加均匀。

❹ 准备好作品的线稿，用复写纸将线稿拓印在岩彩画板上。

拓稿完成。
▼

❺ 选取水干颜料锖群青，将其研磨并加胶调和。

❻ 用水干颜料锖群青将画面的负形掏填出来，上色方式以平涂为主。

 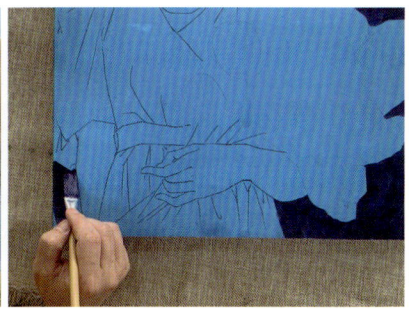

水干下绘步骤完成。画面的结构已经完成，色调也完成统一。
▼

❼ 用粗颗粒矿物颜料统一画面材质。选用新岩5号颜料（孔雀蓝、钴蓝、淡口海蓝），加入明胶水并用手指将颜料与胶水混合，粗颗粒矿物颜料需要的胶水要稍微浓一点。

❽ 将粗颗粒矿物颜料随意刷在岩彩画板上。

粗颗粒矿物颜料统一材质完成。
▲

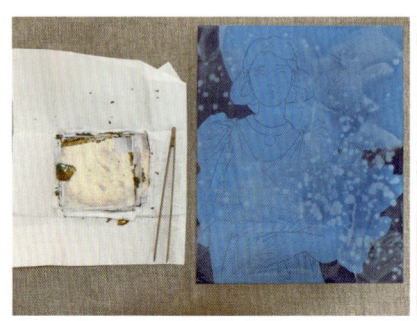 

❾ 用金属箔丰富画面材质。准备材料：烧过的铜箔、金箔夹。在需要贴箔的地方刷上淡胶水（贴箔时一定要用淡胶水，是我们平时画画的胶水稀释三到五倍左右，胶水过浓会将画面的颜料给封住，展现不出好看的颜色）。

❿ 用金箔夹选取一块铜箔，将铜箔贴到画面上，注意铜箔在画面中的大小、疏密和排布。

⓫ 进行衣服的绘制。准备土色颜料——独逸绿土，将调好的土色颜料倒入蛤粉碟中，进行混色。（关于矿物颜料混色，我们首先要了解混色的目的。如果只是为了得到某一种色相，那么矿物颜料混色效果并不理想，不同材质、不同粗细、不同密度的颜料并不能很好地进行融合；如果是为了得到某一种效果，那么矿物颜料混色是没有任何限制的，这种效果可以是色相的变化，也可以是肌理效果的变化。）

⓬ 用调好的灰白色平涂衣服，并空出线条。

❸ 补充细节线稿。在大色块的基础上重新补上细节，可以用铅笔手绘，也可以用硫酸纸重新拓稿（由于矿物颜料覆盖力比较强，如果一开始就把所有细节的线稿都拓上去，在铺色的时候会显得比较被动，可以选择多次拓稿的方法）。

金属箔丰富材质步骤完成，
画面黑白灰结构完成。
▼

❹ 进行头发的绘制。从画面重色部分开始进行绘制。准备材料：天然矿物颜料赤口小豆茶（7号）、豪猪刺、小号平笔。

⑮ 先用小号平笔将赤口小豆茶（7号）厚涂于头发部分。注意矿物颜料的厚度，因为是厚涂刮刻，所以颜料需要稍微厚一点。

颜料半干的状态
（迎着光看，表面不反光，说明表面没有水分）。

⑯ 用豪猪刺刮出头发的纹理（先分大组，再加密，注意头发整体的体积）。

赤口岩黄（12号）

⑰ 进行衣服花纹的处理。选择新岩赤口岩黄（12号），用勾线笔沥粉，沥出衣服的花纹。

⓲ 选择天然矿物颜料黄碧玉（7号），厚涂出衣服花纹的叶子纹样，在厚涂的基础上用豪猪刺刮出叶子的叶脉。

⓳ 选择蛤粉（白寿印），画出衣服上的白色花纹和花蕊。

衣服装饰花纹完成。

⓴ 用蛤粉（白寿印）掏填出百合花的形状。

百合花掏填完成。

㉑ 画玫瑰窗的部分。选用不同颜色的矿物颜料沥粉沥出背景玫瑰窗的纹样。

㉒ 画皮肤部分。准备材料：毛刷、水晶沫（9号）、碧玉（9号）、草绿（12号）、芽黄（白号）。将颜料混色后调胶平刷皮肤部分。

皮肤绘制完成。

㉓ 用平笔蘸清水将皮肤之外的颜色洗去。

花绿（6号）、孔雀石（白号）

❷ 为百合花的叶子罩色。准备材料：连笔、平笔、花绿（6号）、孔雀石（白号）。将颜料混色调胶后统罩百合花叶子的部分，然后用清水将边缘柔和过渡。

百合花叶子的整体细节完成。

❷ 为百合花花头罩色。准备材料：连笔、岩黄（7号）、蛤粉。将颜料混色调胶后统罩百合花花头的部分。

㉖ 画五官的部分，用小豆茶（白号）简单勾勒出五官和项链；给玫瑰窗部分沥粉。

㉗ 给玫瑰窗贴箔。玫瑰窗部分沥粉已经完成，用纸胶带将玫瑰窗的外形贴出来。准备材料：夹箔纸、纯金箔、蜡烛、爽身粉、金箔夹、连笔。

㉘ 将金箔夹、手上都铺上爽身粉，防止金箔粘黏，用蜡烛给夹箔纸打上蜡（蜡引法）。将打了蜡的夹箔纸盖在金箔上，用金箔夹刮一下夹箔纸，金箔就可以贴合在夹箔纸上（金箔特别薄，不能直接夹起来去贴，需要利用夹箔纸辅助）。

贴合好的金箔。

㉙ 调好淡的胶水，准备贴金箔，在沥好粉的玫瑰窗上刷上淡的胶水。

㉚ 将金箔平放到刷过淡胶的地方，用棉花隔纸按压金箔，让金箔更好地与画面贴合。

③① 在玫瑰窗的部分满贴金箔，在没贴好或者有缝隙的地方补贴金箔。

③② 揭下纸胶带，让人物轮廓更清晰。

胭红（9号）＋小豆茶（12号）＋
碧玉（7号）＋水晶沫（12号）

玫瑰窗贴好金箔的效果。

③③ 画肤色的部分。准备材料：连笔、平笔、胭红（9号）＋小豆茶（12号）＋碧玉（7号）＋水晶沫（12号）。将颜料混色调胶后平涂五官、手、手臂部分，用连笔蘸水过渡肤色边缘。

藤紫（7号）

❸❹ 画百合花花苞的部分。准备材料：藤紫（7号）。用藤紫（7号）分染百合花的花苞与反瓣。

百合花的花苞部分完成。

淡口岩黄（7号）+水晶沫（7号）+蛤粉（金凤印）

碧玉（7号）+水晶沫（7号）+蛤粉（金凤印）

❸❺ 罩色。暖色颜料：淡口岩黄（7号）+水晶沫（7号）+蛤粉（金凤印）。冷色颜料：碧玉（7号）+水晶沫（7号）+蛤粉（金凤印）。

㊱ 用暖色统罩衣服、冷色统罩花朵。统罩颜色完成。

㊲ 打磨。选用细砂纸打磨玫瑰窗。打磨过后，金箔下方的部分颜色可以显露出来。

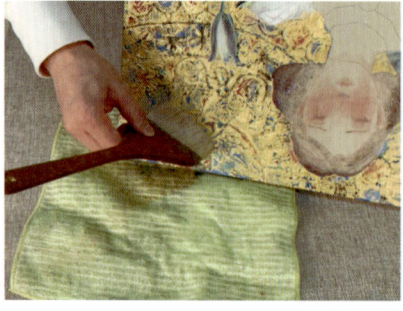

㊳ 用干净的刷子将打磨下来的粉尘扫掉。打磨让画面效果更加丰富。

❸❾ 衣服上凸起的花纹也可以进行打磨。

❹⓿ 掏填背景。选择矿物颜料古代群青（7号），调胶后重新掏填画面的背景（负形）。

❹❶ 用蛤粉画出项链的纹饰。

❹❷ 细化头发部分。准备材料：蛤白（白号）。调胶后用蛤白（白号）统罩头发，颜料干后用清水轻轻洗出头发的体积。

❸ 撒金处理。准备材料：砂子筒、刚刷笔、金箔夹、纯金箔。用金箔夹将金箔放入砂子筒中。

❹ 在花蕊处刷上淡的胶水。用刚刷笔在砂子筒中搅动，金箔就会以碎屑状落在画面中。

❺ 用棉花隔生宣纸或纸巾按压有金箔的地方，完成调整。一幅人物岩彩画就完成了。

4 岩彩画特殊技法演示

特殊技法的运用往往会带来特殊的肌理效果，巧妙地运用这些肌理效果会让画面出现意想不到的效果，这也是岩彩画非常出彩的地方。其有无限的可能性去让画家寻找自己独特的表现形式和画面效果。这里简单演示了几种特殊的技法，在这个基础上大家还可以继续去试验和发掘岩彩画特殊的处理效果。

金箔基底制作演示

金箔是岩彩画材料中非常重要的一种，其闪烁的质感与矿物颜料交相辉映。在日本就有金底屏风画这样的艺术形式，有着金碧辉煌的效果。金箔除了有装饰画面的作用，也是非常重要的基底材料，矿物颜料在金箔上的发色效果与在其他基底材料上的发色效果完全不同，有着独特的魅力。

下面给大家演示如何制作金箔基底。

❶ 在做好的基底画板上刷上淡胶水。

❷ 用"水引法"，也就是用毛笔蘸上清水，点在夹箔纸的四个角上，点上水的四角可以将金箔吸附在夹箔纸上。

❸ 将金箔和夹箔纸一起放在刷过淡胶的画面上。用金箔夹将夹箔纸拿走，金箔就贴在画面上了。

❹ 贴剩下的金箔,要注意箔与箔之间相互对齐。

贴好箔的效果。
▼

白色矿物颜料

❺ 选取天然矿物颜料盛上,在箔上刷上白色矿物颜料。

❻ 将箔含在画面中，静置阴干。

❼ 阴干后，可以直接在上面绘制作品，也可以用水洗出斑驳的肌理效果。用棕刷蘸水洗刷画面，洗刷力度的轻重，决定了剥落痕迹的大小。

 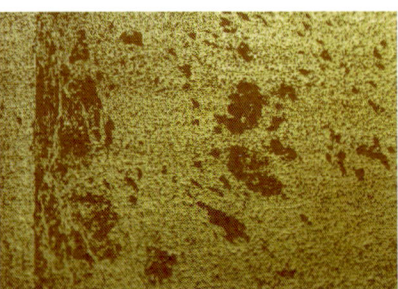

❽ 水洗完将画板静置阴干。罩色洗刷过的金箔基底，肌理丰富，更容易上色，不会出现上色打滑的情况。金箔基底制作完成。

作品案例

揉纸技法演示

矿物颜料的独特性质决定了其在画面上是多层叠加的结构。揉纸技法可以展示更加丰富的肌理效果,无论是壁画临摹还是岩彩画创作,其都是非常好用的技法。

下面给大家演示岩彩画中的揉纸技法。

 朱色

❶ 绘制底色。颜料:水干颜料朱色。在颜料中加入淡胶水,用手指将粉质颜料磨开,充分与胶水混合。

❷ 将调制好的水干颜料朱色平涂在未裱板的云肌麻纸上,静置阴干。

❸ 贴箔。在有红色底的纸上刷上淡胶水,贴上金箔。贴箔的时候注意箔的疏密与排布。贴好金箔后,第一层颜色基底完成。

  群青和紫群青

❹ 绘制第二层颜色。选取水干颜料群青和紫群青，在第一层基底上随意刷上这两种颜色。在颜色未干的情况下，两种颜色会相互渗透，形成撞色效果。刷好颜色后静置阴干，第二层颜色基底完成。

 淡黄

❺ 绘制第三层颜色。颜料：水干颜料淡黄。在研钵中放入水干颜料淡黄。先加清水将颜料研磨细，再加入一两滴淡胶。注意这里水干颜料量要大，胶要淡。

❻ 用连笔将颜料调匀，在蓝色基底上平涂淡黄色，尽量涂厚一点。

平涂的时候注意颜料层相互之间要透气，适当留有一些气孔。静置阴干，第三层颜色基底完成。

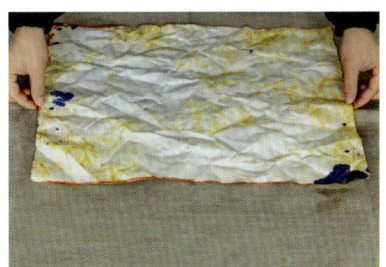

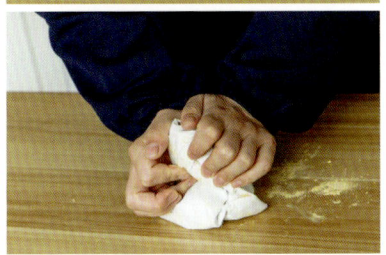
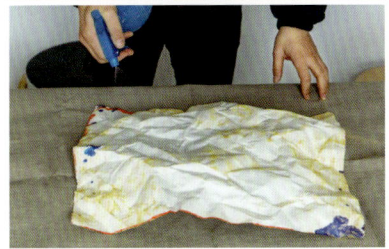
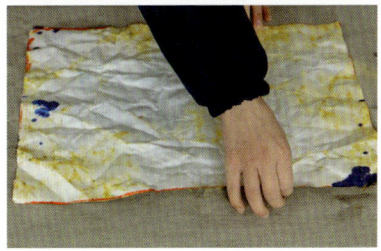

❼ 揉纸。从四周向中间开始揉纸,因为纸张是云肌麻纸,含有麻纤维,非常结实、不易揉破。揉纸的时候注意折痕的排布,要尽量自然。

❽ 揉好纸后,将纸张打开,将画纸翻过来,背面朝上,在下方垫上毛毡,用喷壶给背面喷上清水。

❾ 吸过水的纸张会变软,轻轻牵引将纸铺平。牵引的时候用力要均匀,让纸张平铺。

❿ 裱板。平铺完成,在纸的背面放上木板,注意上下左右距离要均等。

⓫ 在木板和纸的四周刷上浆糊。

⓬ 将木板翻过来，四周压实。可以适当牵引一下纸张，让画面尽可能平整。

⓭ 用力尽量均匀，内折四角，并刷上浆糊，包好角，裱板完成。

⓮ 固色。给画面喷上胶矾水进行固色，静置阴干。

◀ 揉纸完成。

| 作品案例 |

罩色技法演示

罩色也就是多层颜色的叠加,在岩彩画绘制过程中是经常会使用到的技法。这里用多层矿物颜料的罩叠制作肌理效果,来绘制一幅小的花卉作品。

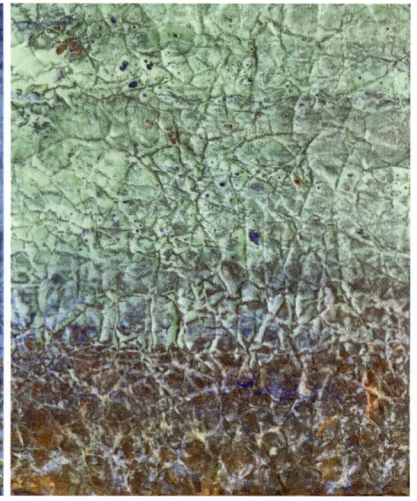

❶ 制作基底。将揉有褶皱的云肌麻纸刷上水干颜料群青,颜色会积在凹纹处,凸起处会显露出底部的颜色。依次叠加天然矿物颜料孔雀石(12号),基底完成。

TIPS

颜色可以根据画面效果来选择,没有固定搭配。

❷ 拓稿。用铅笔在打印纸上画出花菖蒲的轮廓,底稿完成。

❸ 在底稿的背面涂上柳炭，形成简易的复写纸，可以将花菖蒲的线稿拓到制作好的岩彩画基底上。

TIPS

用柳炭条制作的复写纸可以拓写比较精细的线稿，也方便用橡皮擦修改，在拓有花菖蒲的线稿上用赭石复勾一下，可使形体结构更清晰。

❹ 进行刻画。给花头部分染上蛤粉，注意浓淡变化。给叶子部分染上孔雀石（12号），注意虚实变化。暗部用赭石分染，正叶叠加孔雀石（9号），反叶叠加灰绿色，花心部分用淡黄色提染。

❺ 调整画面，增加细节。

❻ 撒金处理。准备撒金材料：砂子筒（荒目）、纯金箔、金箔夹、刚刷笔。用金箔夹将金箔放入砂子筒，用刚刷笔将金箔打碎。

❼ 在画面中将需要撒上金箔的地方刷上淡的胶水，撒上金箔屑，然后用棉花隔纸巾或生宣纸等按压，将金箔屑压实在画面中。绘制完成。

作品案例

第五章

作品赏析

学习岩彩画的过程是艰难的。一方面，岩彩画在国内并不是十分普及；另一方面，岩彩画的相关资料与图例更是少之又少，很大程度上阻碍了我们对岩彩画的认识与学习。凌乱琐碎的岩彩画知识也很难形成知识体系，于是我前期将大量的时间与精力放在了对敦煌壁画的临摹上，这不仅能让我更好地熟悉与掌握岩彩画材料，同时也能帮助我更好地去理解岩彩画的内在造型逻辑。在不断地尝试与摸索中，我才逐渐形成现在的岩彩画风格——唯美且浪漫、表达自我的岩彩画作品。

岩彩画只是一个画种，岩彩也只是一类材料，至于画家们想要画成什么效果、想表达什么思想，完全取决于画家的审美与兴趣。岩彩画并不是只有那么几种表达方式，其应该是各种各样的，有无限的可能。艺术应该是百花齐放的，而不是千篇一律，画家们应该寻找属于自己的绘画语言风格。

1
岩彩花卉
作品

◀ 芳华烂漫时

浅梦

花寻

不忍

◀ 物华

花菖蒲 ▲

灵鹿梵音 ▲

2
岩彩人物
作品

listen 局部 ▼

listen ▼

金色玫瑰窗 ▲

假如花未开

不哭泣

◀ 从未见过你

孤独别醒来 ▲

虞美人 ▲

我的孤独是座花园

绿荫 ▲

花未眠 ▲

◀ 暗香

不曾远去

野有蔓草

▲ 春宴局部

◀ 春宴

我已不在那儿 ▲

模糊的记忆 ▲

◀ 在无声中靠近你

在无声中靠近你局部 ▲

春映

花妖

不再少年 ▶

晓见

时光是风 ▲

关于风的幻想 ▲

◀ 夜语　　　　　　　　　　　　　　　　　　　　　　　　　　　　月夜明 ▲

3
壁画摹写
作品

后记

  我作为一个岩彩画初学者，整理自己并不成熟的创作过程并以书籍的方式分享给大家实在是有些惶恐，也特别感激各位读者对我的支持与鼓励。我作为一个学习油画出身的学生，在最开始的绘画创作上是迷茫的。一是油画的发源地在西方，我很难找到自己的民族认同感；二是前辈或大师的高超油画技艺让我望尘莫及，更难在绘画道路上找到自我成就感。直到我遇到了岩彩画，这才打开了我新世界的大门。

  在刚接触到岩彩画的时候，我对它是陌生的，但是我依然对它充满着浓厚的兴趣。岩彩画丰富的色彩、特殊的质感、厚重的肌理深深地打动了我。岩彩画是神秘的，让我想去了解它，我的岩彩画启蒙老师尉志坚老师告诉我：岩彩画是一个既传统又当代的画种，它承载着传统与当代。岩彩画从中国古代壁画中发展而来，又走向了现当代的艺术领域，是传承千年并符合中国人审美的东方画种。我在刚学习岩彩画的阶段主要将精力放在了对中国古代壁画的临摹上，花了两年多的时间去临摹与研究敦煌壁画，但同时又陷入了壁画临摹的漩涡中，困在只会临摹不会创作的局面。

  迷茫了一段时间过后，我将目光转向了日本画，日本画与中国画有着莫大的渊源，但是现代日本画又呈现着完全不一样的局面。国内的岩彩画前辈们都是去日本留学后才提出"岩彩"这一新的概念，但是各位老师因为自己不同的知识结构，对岩彩的解读又大不一样。作为一个岩彩画爱好者，从旁观者的角度来看，我认为岩彩画是充满无限可能的。岩彩画是西方绘画与东方绘画的桥梁。就中国画而言，许多方面都已经达到了登峰造极的境界，要想有所突破与创新，真是难于上青天。岩彩画是一个非常好的突破口，中国画在色彩这个方面有待突破。色彩作为非常重要的视觉要素，中国画在这一块还有非常大的发展空间。岩彩画是色彩的绘画，从绘画材料上弥补了中国画在色彩方面的欠缺，同时岩彩画还兼顾材质与肌理美，还可以融合现当代西方艺术的观念。在我看来，中国画的传统是"创新"，是不断地前行，而不是故步自封，这样创作的道路才会更加清晰与自由。

  最后，岩彩画越来越受到年轻人的热爱与认可，绘画爱好者也更容易在岩彩画当中找到自我绘画风格，未来可期。这本书记录了我近两年的岩彩画创作过程，虽然作品并不成熟，但是我仍然希望把自己积累的点点经验分享给大家，希望大家共同学习、共同进步。作为一个年轻的绘画爱好者，以上的所有看法都是我个人的观点，有不妥的地方也非常欢迎大家来微博与我进行讨论，非常感谢大家对我的喜爱与支持。

穆尼

2020 年 12 月